L'ART
DE LA
CONVERSATION

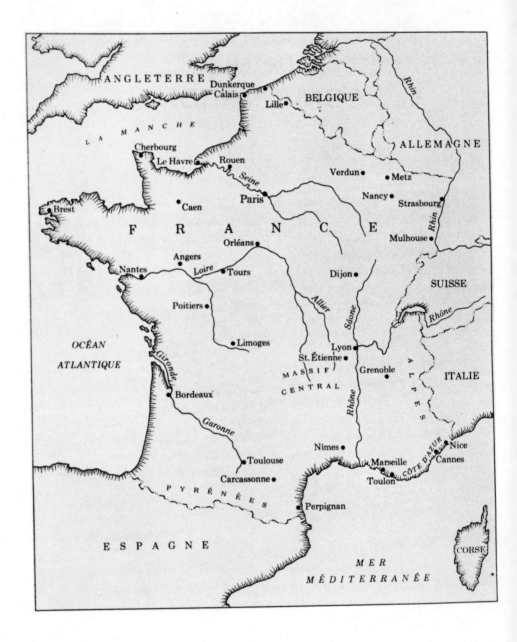

L'ART
DE LA
CONVERSATION

DEUXIÈME ÉDITION

YVONE LENARD

California State University, Dominguez Hills

1817

HARPER & ROW, Publishers, New York

CAMBRIDGE, PHILADELPHIA, SAN FRANCISCO,
LONDON, MEXICO CITY, SÃO PAULO, SINGAPORE, SYDNEY

I wish to express my appreciation to the reviewers who kindly made suggestions and criticisms:

John T. Booker, University of Kansas
Joan H. Bornscheuer, The University of Texas at El Paso
Philip Clark, University of Manitoba
Annick Davies, Emory University
Frank Friedman, C. S. Mott Community College
Paul F. Kinzel, California State University-Fresno
Jeanette Ludwig, State University of New York at Buffalo
Arlene Malinowski, North Carolina State University
Pierre Paul Parent, Purdue University
Jacqueline Simons, University of California-Santa Barbara

YVONE LENARD

Sponsoring Editor: Robert Miller
Project Editor: Brigitte Pelner
Cover and Text Design: Robert Bull
Cover Photo: Wayne Rowe
Photos: Documents Christophe L., Paris
Production: Delia Tedoff
Compositor: The Clarinda Company
Printer and Binder: The Murray Printing Company

L'ART DE LA CONVERSATION, Deuxième édition
Copyright © 1985 by Élysées Éditions, Inc.

Library of Congress Cataloging in Publication Data

Lenard, Yvone.
  L'art de la conversation.

  English and French.
  1. French language—Conversation and phrase books—
English. 2. French language—Textbooks for foreign
speakers—English. I. Title.
PC2121.L46 1985   448.3'421   84-28971
ISBN 0-06-043973-4

89 90 91 92 93 94 95 MPC 10 9 8 7 6 5

Table des matières

Preface

Here at last is the long overdue second edition of *L'ART DE LA CON-VERSATION*. It comes accompanied by my gratitude to the many instructors and students who have remained faithful to the book during all those years and made this edition not only possible, but instantly requested. It also brings a warm welcome to those who will be using the book for the first time and who will establish, I hope, a friendly contact with me through its lines and its spirit. *Merci et bienvenue.*

The world has changed in many ways since the first edition was published, but the need for human exchange has not diminished, nor has it been replaced by any of technology's wonders. On the contrary, the use of direct, instant communication is growing apace. No one is excluded from conversation because everyone has something to say, something uniquely different. True, good conversation *is* a skill and an art. The best conversations are lively; they express curiosity, love, concern, interest; they inform; they amuse; they infuriate, perhaps, but they should never bore. We propose this book to assist students of French in sharpening their conversational skills.

What is new in the second edition? A great deal is new. See: The structure of the book is different. There were twelve chapters in the first edition. Too many, said users. I cut the number down to ten, often suggested as the best, both for ten and for fifteen week courses. Among those ten, three chapters are entirely new, reflecting changing interests. The remaining ones have been entirely rewritten, their material made easier and more practical.

New features of each chapter

Allô! Répondez au téléphone is an entirely new exercise, in which the voice of one of the speakers has been left blank. Students will fill in the part of that silent speaker. This will serve as an exercise in telephone communication as well as ingenuity, and should provide, at the same time, some lively fun, since it is conceived in a humorous vein.

Parlez avec les jeunes. This is perhaps the first time that a French textbook introduces systematically and in a specially conceived section (so they will not be confused with standard or formal French) elements of the everyday language used in France today, as well as a few terms of widely used and stable slang.

True, slang changes fast, but the terms we have selected here are among those that have been used for a long time, and will remain in use, rather than trendy or subgroup talk.

Language, culture and society

Among the many changes the past decade has brought, the role of women, their self-image and the man/woman relationship were particularly marked, and this has been reflected in this second edition.

True, the silly women of my first edition, awed by vastly more competent or authoritative men, had been sketched, in my own mind in the same spirit as (oh, forgive me!) Molière's characters and with the same intent expressed in French comedy, to "chastise through laughter." Readers saw that, still some were annoyed. In any case, the changes are here and you will find entirely new people in this new edition.

One small point, among many others, as I was re-reading the first edition, brought sharply home to me the changes in women's self-image. In one of the chapters of the old edition, I had written something to the effect that, when traveling, a man would often carry a briefcase while a woman would carry a hatbox. Now, why did I say that? I am a woman and have never carried a hatbox (or even owned one), while, on the other hand, I pick up my briefcase every morning and always take it along when I travel. I suppose that I was just following an accepted stereotype of the sixties, projecting an image women had of themselves, accurate or not. . .

In this new edition, people and their relationships are closely observed and rendered. The conversations, *Des gens parlent,* are drawn from little scenes I took part in or watched when in France among my family and friends. For instance, you'll have no trouble guessing the identity of the real "Evelyne" in *C'est bon d'être en famille* in Chapter 1, and if "Evelyne" doesn't speak, it is perhaps because she is listening and taking mental notes for her new edition of *L'ART DE LA CONVERSATION.* . .

The characters, from the authoritarian grandmother, to the teenager who tries to get out of an endless family dinner (this is France, after all, not the U.S.), to the two old ladies discussing neighborhood burglaries, to the young man who wheedles money for a car from his family, are all real. None claims to be a model of behavior. No. Just himself or herself. And anyway, who wants to hear a conversation between plaster saints? *That* would be boring. *That* would be unreal. So please, read those conversations with a ready smile. If it is, at times, one of recognition, so much the better.

The illustrations

We are still using movie stills to illustrate, and to serve as a stimulus to conversation, but this time we were fortunate to be able to tap the extensive collection of *Documents Christophe L.* in Paris. All the movie stills come from this collection.

In order to avoid the problem of images becoming dated too quickly, we have deliberately chosen, whenever possible, older movies starring the great of French cinema: Fernandel, Louis Jouvet, Jean Gabin. The pictures are provocative, and should be taken in themselves, out of any context; and we hope students will show their ingenuity figuring out a situation and what these people might be saying, or what they might be looking at off camera. Of course, only movie buffs have seen some of those films. (And who, alive today, has seen Fernandel in *Ferdinand le noceur?* Fernandel, after all, died in 1971 and this was one of his early roles.)

Punctuation

You will find a little "heavier punctuation," especially more commas, than would be found in a text not intended for reading aloud, as this one is. This is a trick I have seen used in French TV scripts, and it helps the reader break the sentences into meaningful groups of words, even at first glance, making it easier to give an expressive reading.

What is unchanged?

My conviction that conversation must be derived *first* from the spoken language, in a conversation situation, rather than from a literary or journalistic text has remained unchanged. My conviction, also, that a student should only be asked to speak on a given subject after he or she has been provided with the necessary terms is as firm as ever. This is how confidence is built to a maximum and errors are reduced to a minimum.

This double belief remains the basic guideline of this edition, as it was for the first. I am convinced that it is essential to the enduring success of the book.

TO THE TEACHER

You will find below a few indications about the *suggested* use of the materials included in each chapter. While they are the fruit of my classroom experience, you may well have different views on the use you wish to make of this book. In that case, you will follow only some, or none of these indications. In any case, you will let your own initiative and personality, as well as the context of your class and the needs of your students, be your guide. Do establish a few good-natured rules, from which deviation is always possible, but which will serve as a structure and will help the fulfillment of your goals.

Depending upon the amount of class time you dispose of, you may want to use all the elements of each chapter, or only some. You will determine what will be covered in class, what will be left aside, and what will be assigned for home study and preparation.

Contents of each chapter

> **Part I**
> 1. Voilà l'usage. Maintenant, la question
> 2. Sujets d'exposé
> 3. Polémique ou discussion
>
> **Part II**
> 4. Conversation: Des gens parlent. . .
> 5. Questions et Remarques et répliques
> 6. Conversations suggérées
> 7. Répondez au téléphone
>
> **Parlez avec les jeunes:** introduction to familiar French and commonly used slang terms
>
> **Ces images vous parlent**

1. *Voilà l'usage. Maintenant, la question* introduces, in conversation form, the new structures and the new vocabulary necessary to discuss the subject at hand. To each statement of usage correspond questions which provide immediate use for the new terms just seen, but in a context personal to the speaker.

2. *Sujets d'exposé.* Using what has been learned in the previous section, students will be asked to prepare a two to three minute exposé on one of the proposed subjects (or any related subject they may prefer). This is simple, oral practice.

3. *Polémique ou discussion* follows, in which either groups or individual students will argue pros and cons of proposed subjects (or again, any other related subjects). This is a little more complex than the exposé, and will help develop skills necessary in a conversational exchange. Declaring a winner at the end of each *Polémique* offers added incentive.

4. *Conversation: Des gens parlent* should be read in class with as much expressiveness and playacting as possible. Students should not be afraid to overact a little to bring out the full life of the situation. These conversations provide a pattern, now that the basic terms have been mastered, to the way French-speaking people will actually discuss a subject. The characters are often drawn with humor and should be interpreted, in any case, with vivaciousness.

5. Questions on *Des gens parlent* and *Remarques et répliques* ascertain that the text has been understood and new terms assimilated. In *Répondez,* given a question or statement, not necessarily drawn from the text, students are asked to respond with a statement of their own, corresponding to the situation and true to the characters in the conversation.

6. *Conversations suggérées* follow the conversation and its sets of questions. Groups of two students should each prepare one subject and discuss it in class, bringing their conversation, if possible, to some conclusion.

7. *Allô! Répondez au téléphone* is a telephone conversation in which only one speaker is heard. A student (or perhaps everybody, each taking one reply in turn) will fill in the blanks, orally, of course, after some preparation. (Note: If one reads ahead to the following remark, it often contains a hint as to what the intervening line should be.)

8. *Parlez avec les jeunes (les jeunes de tous les âges, bien sûr!)* offers, at the end of each chapter, about ten words or expressions of everyday French (familiar French) and/or widely used slang. You may prefer to disregard this section or you may cover it and encourage students to use thereafter terms like *C'est embêtant, c'est chouette,* or *c'est moche.* You will, of course, make it quite clear that these terms are for informal conversation and not for use, let's say, in a formal letter or a literary essay. The *Lexique* at the end of the book indicates these terms as either *fam. Fr.* (familiar French) or *sl.* (slang).

The pictures. You may want to assign the pictures as a special assignment, one picture per student, or more. Or you may ask the questions contained in their captions to the class and spark a general discussion. A reviewer of the first edition termed these pictures "a sleeper," and many have remarked on the remarkable ingenuity the students displayed in filling in the context. No doubt it will be the same in this edition, with the added incentive this time of presenting French faces and French backgrounds.

The set of tapes

An excellent set of tapes, accompanied by its script, completes the second edition of *L'ART DE LA CONVERSATION*.

TO THE STUDENT

To insure full success in this class, prepare your material regularly. Spur-of-the-moment inspiration may be great at times, but you will feel more confident and relaxed, and therefore you will do better if you have in front of you well-prepared notes.

Try to imitate French speech mannerisms your instructor will model for you.

Try to avoid beginning your sentences with *Euh.* . . Of course, it gives you time to think of what you are going to say next, but it is not French. Practice, instead, saying *Eh bien.* . . while you are formulating your thoughts.

And especially, have fun. Playact the stories, imagine those people, those situations, give free rein to your ingenuity and creativity. Enjoy the class, and practicing *L'ART DE LA CONVERSATION*

YVONE LENARD

L'ART
DE LA
CONVERSATION

LEÇON PRÉLIMINAIRE

Faisons connaissance

(Ferdinand le noceur, avec Fernandel)
Mademoiselle, permettez-moi de me présenter. Je m'appelle Ferdinand. Comment vous appelez-vous?

LEÇON PRÉLIMINAIRE

Faisons connaissance

Bonjour mesdames, mesdemoiselles et messieurs.

Je m'appelle Madame (Mademoiselle/Monsieur) X et je suis votre professeur.

Je suis très heureuse (heureux) **de faire votre connaissance.**

Qui **a l'intention de suivre** ce cours comme étudiant **inscrit?** Comme auditeur?

Les cours **requis** pour cette classe sont les cours de français élémentaire ou leur équivalent.

On est étudiant de première année, de deuxième année, etc.

Vous allez **avoir votre diplôme** cette année, l'année prochaine ou dans deux ans.

On suit un cours parce qu'il est **obligatoire,** parce qu'on **se spécialise** dans cette matière, ou simplement parce qu'on **a envie** de le suivre.

On a envie de suivre un cours parce qu'il est **utile,** intéressant ou amusant.

Comment vous appelez-vous, madame (mademoiselle/ monsieur)?

Avez-vous l'intention de suivre ce cours comme étudiant inscrit? Et vous, mademoiselle?

Avez-vous suivi les cours requis? Comment avez-vous appris le français?

En quelle année êtes-vous?

Quand allez-vous avoir votre diplôme?

Pour quelles raisons suivez-vous ce cours?

Avez-vous envie de parler français?

Je suis enchanté(e) de vous voir dans ce cours. **Vous vous intéressez** sans doute au français.

À quels autres sujets vous intéressez-vous?

Notes culturelles

1. Un homme ne précède pas son nom de «Monsieur». Il dit: «Je m'appelle André Duval». Une autre personne dira peut-être: «Je vous présente Monsieur Duval», surtout si M. Duval est plus âgé.

2. Une femme ne précède pas son nom de «Mademoiselle» ou «Madame». Elle dit: «Je m'appelle Marie-France Leprat» ou «Je m'appelle Jeannine Talbert». Une autre personne dira peut-être: «Je vous présente Mademoiselle Leprat» ou «Je vous présente Madame Talbert», surtout si Mlle Leprat ou Mme Talbert est plus âgée.

3. Quand on vous présente quelqu'un, vous pouvez répondre: «Très heureux» ou «Très heureuse». C'est plus court que: «Je suis très heureux (heureuse) de faire votre connaissance».

4. Un homme peut dire—c'est très élégant!—quand on lui présente une dame: «Mes hommages, madame».

Pour la prochaine fois

1. *Présentez-vous.* Chaque étudiant(e) se présente à la classe: Comment vous appelez-vous? En quoi vous spécialisez-vous? Venez-vous d'une autre université? Pourquoi êtes-vous étudiant(e) ici? Pourquoi étudiez-vous le français?

   Donnez aussi quelques détails intéressants sur vous-même.

2. *Présentez un(e) autre étudiant(e) au professeur.* Vous direz: «Je vous présente X». Vous ajouterez quelques mots sur la personne que vous présentez, par exemple: «C'est une étudiante de troisième année qui se spécialise en gestion des affaires. Elle a passé des vacances en France.»

PARLEZ AVEC LES JEUNES

Quelques termes du français familier

l'université (la faculté)	la fac
le professeur	le prof
bien étudier	bosser

Ces images vous parlent. Répondez-leur . . .

1. (*Le naïf aux quarante enfants,* avec Michel Serrault)
Une classe dans une école primaire en France. Quelles différences et quelles ressemblances voyez-vous entre cette classe, et une classe dans une école américaine?

Quelle est la question à laquelle les enfants désirent répondre avec autant d'enthousiasme?

2. (*Douce violence*)
Aimez-vous les parties? Pensez-vous que c'est une bonne façon de rencontrer des gens intéressants? Expliquez.

PREMIÈRE LEÇON

Qui aimez-vous?

L'amitié, l'affection, l'amour, la vie en commun

(La boum 2)
Qui sont ces jeunes gens? Donnez-leur un nom. Quel est leur rap-port: affection, amitié, amour? Qu'est-ce qu'ils se disent?

Qui aimez-vous?

L'amitié, l'affection, l'amour, la vie en commun

Voilà l'usage:

Vous avez des **sentiments envers** d'autres personnes. Il y a ceux que vos **aimez bien** et ceux que vous **aimez**. L'amour n'est pas qualifié, l'affection est qualifiée: Vous aimez bien un copain, vous **aimez beaucoup** un ami. Mais vous aimez votre mère et vous aimez l'homme ou la femme de votre vie.

En principe, vous avez de l'affection pour les membres de votre famille et de l'**amitié** pour vos amis. Mais ce n'est pas si simple et c'est peut-être le contraire! En fait, il y a peut-être des membres de votre famille que vous **n'aimez pas du tout** et que vous détestez! On choisit ses amis, mais on ne choisit pas sa famille. . .

Quand on change de ville ou de pays, on **perd** sa famille **de vue** et on le regrette après.

Qui sont les membres de votre famille? Il y a vos parents (votre

Maintenant, la question:

Comment dit-on en français:
I like this class.
I love my mother.
I am very fond of my friends.
I am fond of Robert, but I love Maurice.
Nommez des personnes que vous aimez bien ou que vous aimez beaucoup et nommez des personnes que vous aimez.

Avez-vous de l'affection pour tous les membres de votre famille? Changeriez-vous votre famille ou en êtes-vous tout à fait content? Expliquez.

Avez-vous perdu de vue une partie de votre famille? Pourquoi?

Est-ce que vos grands-parents sont en vie? Expliquez.

père et votre mère). Vous êtes leur fils ou leur fille. Il y a aussi vos grands-parents paternels et maternels, qui sont peut-être **en vie** mais hélas, qui sont peut-être morts. Vous êtes leur **petit-fils** ou leur **petite-fille**[1].

Vous êtes fils ou fille **unique**. Autrement, vous avez des frères et sœurs **aîné(e)s** ou **cadets** (**cadettes**). Vous avez peut-être un frère **jumeau** (ou une sœur **jumelle**).

Le mari de votre sœur est votre **beau-frère** et la femme de votre frère est votre **belle-sœur**. Leurs enfants sont vos neveux et nièces. Ces enfants sont **mignons** et même adorables, mais quelquefois ils sont **gâtés**, ils sont mal élevés, alors ils sont **insupportables**. Plus tard, quand ils sont **grands**, vous êtes surpris de les voir si **gentils**.

Les enfants de votre oncle et de votre tante sont vos **cousins germains**.

Est-ce que **vous vous entendez bien** avec votre famille? **Malgré** l'affection, il est possible de ne pas **être** toujours **d'accord** et même de **se disputer** quelquefois.

Vous avez aussi un cercle d'amis et de **connaissances**. Vous aimez bien vos amis, vous avez de l'amitié pour eux. Il y a vos **camarades d'école**, vos **copains** (**copines**).

Ont-ils beaucoup de petits-enfants?

Avez-vous des frères et sœurs? Comment sont-ils? Connaissez-vous des jumeaux? Sont-ils identiques?

Avez-vous un beau-frère? Une belle-sœur? Des oncles? Des tantes? Des neveux? Des nièces? Parlez de ces personnes et dites qui est votre favori et pourquoi.

Avez-vous des cousins? Les connaissez-vous tous? Pourquoi?

Êtes-vous toujours d'accord avec vos parents? Quels sont les sujets de discorde?

Vous entendez-vous bien avec vos frères et sœurs? Expliquez.

Connaissez-vous beaucoup de gens à l'école? Avez-vous beaucoup d'amis?

---

[1] Comment dit-on, alors, *my young son* et *my little daughter*? On dit «mon petit garçon» et «ma petite fille». Si vous dites «ma jeune fille», c'est que votre fille a entre 12 et 20 ans.

Il y a vos collègues de travail, pour qui vous avez de la **sympathie.**

Parmi vos amis, il y a votre meilleur(e) ami(e). C'est probablement quelqu'un **de votre âge,** qui a les **même goûts,** qui est sincère et avec qui vous vous entendez bien. **Vous vous amusez bien** quand vous êtes ensemble.

Mais il y a aussi les gens (ou **la personne!**) que vous aimez d'amour. Vous êtes **célibataire.** Un jour, vous rencontrez quelqu'un et vous **tombez amoureux.** Si c'est instantané, vous avez le **coup de foudre.** Après, vous êtes amoureux (amoureuse). Votre vie change: Vous êtes **heureux.** Vous avez des rendez-vous, vous sortez ensemble, vous avez un(e) **petit(e) ami(e).** Vous faites des promenades tendrement **enlacés, vous vous embrassez** et c'est merveilleux. Vous ne vous séparez plus.

Vous êtes **fidèle** et conciliant, bien sûr, et vous avez l'**esprit large.** Mais l'autre? Est-ce quelqu'un de jaloux? possessif? **soupçonneux?** intransigeant?

Si c'est le cas, il y a des **nuages!** Des querelles d'amoureux sont inévitables. Il/Elle **finira par s'excuser** et demander pardon. La réconciliation suivra et si elle ne suit pas, c'est la **rupture.**

Après cette rupture, gardez-vous des regrets au cœur? Êtes-vous heureux ou malheureux? Ça dé-

Y a-t-il des collègues sympathiques, là ou vous travaillez?

Est-ce que votre **patron** est sympathique? Pourquoi?

Avez-vous un(e) meilleur(e) ami(e)? Expliquez.

(Question très personnelle, ne répondez pas si vous ne voulez pas!) Y a-t-il quelqu'un ici qui a eu le coup de foudre? Racontez les circonstances.

Décrivez un couple d'amoureux que vous connaissez.

Que fait quelqu'un de jaloux? de soupçonneux?

Avez-vous été un des partenaires dans une querelle d'amoureux? Racontez les causes de cette querelle et comment elle a fini.

Aimez-vous encore votre premier amour?

pend de la **profondeur** de vos sentiments. Le **bonheur** n'est pas éternel, hélas.

Un jour - et c'est peut-être après plusieurs **liaisons** - vous décidez de **vous marier.** Vous avez trouvé l'homme (ou la femme) de votre vie. Alors, **vous vous fiancez.** La cérémonie des **fiançailles** et sa promesse sont symbolisées par une **bague** de fiançailles, que le fiancé donne à sa fiancée.

Le jour de votre mariage—et ce jour-là seulement—vous êtes le **marié** et la **mariée.** Après, vous êtes le mari et la femme. Vous échangez des alliances. Vous vous installez dans la vie commune. Après une période d'ajustement réciproque, tout va bien.

Vous avez des enfants: des garçons, ce sont vos fils, et des filles, ce sont vos filles. Vous les **élevez** de votre mieux et vous **tâchez** de ne pas les gâter. Ils **grandissent.**

Un jour, peut-être, hélas, le couple ne s'entend plus bien. Il y a de nombreuses raisons pour cela: Il **la trompe** (ou elle le trompe), ils **s'ennuient,** alors c'est le divorce. Et chacun reprend sa vie de célibataire.

D'autre fois, hélas! c'est la mort qui intervient et vous perdez votre époux ou votre épouse. Vous êtes alors **veuf** ou **veuve.**

Après un divorce ou un veuvage, vous décidez peut-être de vous remarier.

Sinon, voulez-vous raconter votre rupture?

Êtes-vous pour ou contre les fiançailles et la bague de fiançailles? Expliquez.

Connaissez-vous des mariages heureux? Pourquoi sont-ils heureux?

Êtes-vous pour ou contre les **familles nombreuses?** Pourquoi?

Quel est le nombre idéal d'enfants, à votre avis? Pourquoi?

Pensez-vous qu'il faut essayer de préserver un mariage **à tout prix** ou êtes-vous en faveur du divorce? Nommez certaines causes de divorce.

Que pensez-vous des gens qui se marient trois, quatre, cinq, ou six fois?
Est-ce que cela indique des qualités ou des défauts? Lesquels?

Sujets d'exposés

Choisissez un sujet et préparez un exposé de trois minutes environ.

1. Comment avez-vous rencontré l'homme ou la femme que vous aimez? Était-ce le coup de foudre? Racontez.

2. Votre meilleur(e) ami(e), pourquoi est-ce votre meilleur(e) ami(e)? Quelles sont ses qualités? Ses défauts? Vous amusez-vous bien quand vous êtes ensemble? Racontez.

3. La personne de votre famille que vous préférez. Qui est-ce? Quelles sont ses qualités? Pourquoi est-ce votre préféré(e)?

4. Êtes-vous heureux (heureuse)? Y a-t-il une personne qui vous rend heureux (heureuse) ou malheureux (malheureuse)? Qu'est-ce que cette personne fait? Qu'est-ce que vous faites? Essayez d'expliquer.

5. Quelles qualités demandez-vous à l'homme ou à la femme de votre vie? Pourquoi? Quels défauts considérez-vous inacceptables?

Polémique ou discussion

Les étudiants se divisent en groupe *pour* et en groupe *contre*. Ils préparent leurs arguments et les présentent avec vigueur et conviction. Quel groupe gagne? C'est celui qui a convaincu le «juge» (le professeur? un étudiant?).

Sujet numéro 1: Beaucoup d'amis, ou très peu d'amis?

a. Il faut avoir beaucoup d'amis, de copains, de camarades et de connaissances. On a toujours besoin de ces nombreux amis parce que. . .
b. Non. Il ne faut pas perdre son temps avec des quantités de gens. Il ne faut pas avoir beaucoup d'amis, un ou deux, peut-être, parce que. . .

Sujet numéro 2: Le mariage, ou simplement la vie en commun?

a. Si deux personnes désirent vivre ensemble, pourquoi pas? Il est ridicule de prendre une décision définitive, comme le mariage, parce que. . .
b. Il ne faut pas vivre ensemble si on n'est pas marié, parce que. . .

Sujet numéro 3: Les familles nombreuses, ou pas d'enfants?

a. Il faut avoir beaucoup d'enfants parce que. . .
b. À mon avis, il ne faut pas avoir d'enfant, parce que. . .

DES GENS PARLENT

C'est bon d'être en famille!

C'est une réunion de famille qui a lieu tous les ans: Il y a grand-mère, doyenne du clan, âgée, mais pleine d'autorité. Son fils, Jacques, marié avec Monette. Jacques et Monette ont deux enfants: Fabrice, seize ans, et Bénédicte, huit ans.

L'occasion de cette réunion, c'est l'arrivée en France de la sœur de Jacques, Evelyne, et de son mari, Jim. Jim est américain et ils habitent aux États-Unis. Tout le monde est enchanté de se retrouver. Enchanté? Écoutez-les.

GRAND-MÈRE: Eh bien, mes enfants, ce n'est pas souvent qu'on se retrouve entouré des gens qu'on aime. Nous voilà enfin ensemble! Embrasse ton oncle Jim et ta tante Evelyne, Bénédicte. Tu es contente de les revoir, n'est-ce pas?

BÉNÉDICTE: Pourquoi tu portes ce chapeau de cow-boy, tonton Jim?

JIM: *(accent américain)* Tout le monde en a, au Texas. Ton cousin Steve en a un. C'est très chic.

BÉNÉDICTE: Moi, je trouve ça ridicule . . . Qu'est-ce qu'il fait cet été, mon cousin?

JIM: Il est dans un camp, dans la montagne. Il fait du cheval, du baseball, des tas de sports. Et toi, qu'est-ce que tu fais, Benny?

BÉNÉDICTE: *(froide)* Je m'appelle Bénédicte, s'il te plaît, pas Benny.

JIM: Mais «Bénédicte», c'est trop long pour une petite fille comme toi!

BÉNÉDICTE: *(glaciale)* C'est *Bénédicte,* s'il te plaît.

MONETTE: Elle est adorable, n'est-ce pas? Si avancée pour son âge! Son institutrice me dit que les autres petites filles ne l'aiment pas. Pas étonnant, elles sont jalouses. Elle est si intelligente . . .

JACQUES: *(cordial, à Jim)* Et alors, quoi de neuf en Amérique? *(Sans attendre la réponse, il continue.)* Ici, c'est pas brillant. On les aime bien, les Américains, mais les choses vont mal, et c'est la faute de votre gouvernement. Laisse-moi te dire ce qu'il faut que votre président fasse. D'abord, il faut qu'il . . .

MONETTE: C'est agréable, les familles qui s'entendent bien! On a toujours des choses à se dire.

GRAND-MÈRE: *(à tout le monde)* Allez, les enfants, passons à table. Où vas-tu, Fabrice?

FABRICE: Écoute, Grand-mère, j'ai rendez-vous avec des copains. Je vais déjeuner avec eux et . . .

MONETTE: Mon chéri, tu ne penses pas que ce serait plus gentil de rester? Bien sûr, si tu as rendez-vous . . .

GRAND-MÈRE: *(c'est l'autorité de la famille)* Fabrice, je te défends de sortir. Reste. Assieds-toi. *(à Monette)* Vous n'avez aucune autorité sur ces enfants, ma petite.

FABRICE: *(à mi-voix)* Zut et zut. On en a pour la journée, de ce déjeuner . . .

GRAND-MÈRE: Tais-toi, Fabrice.

JACQUES: *(qui a fini d'exposer ses vues sur la politique, il se retourne vers sa sœur.)* Alors, Evelyne, tu es contente de retrouver le pays et les amis? A propos, as-tu vu les Gastier? Tu sais, tu étais à l'école avec elle, dans le temps, c'était ta meilleure amie. Mais elle est mariée avec un drôle de type, pas honnête en affaires, alors je me suis un peu disputé avec lui, l'autre jour. Donc, la famille est en froid avec tous les Gastier. Ne leur parle pas si tu les rencontres!

MONETTE: Jacques est toujours franc. C'est une qualité rare!

BÉNÉDICTE: Est-ce que tu m'as rapporté quelque chose d'Amérique, tante Evelyne?

GRAND-MÈRE: Tais-toi, Bénédicte, on ne demande pas comme ça.

FABRICE: *(sarcastique)* Ah non? Comment demande-t-on, alors?

MONETTE: Ils sont drôles, tous les deux, n'est-ce pas? Mignons, et si intelligents. Je me demande si les enfants américains sont comme ça. On dit que les parents n'ont pas d'autorité, et que les enfants sont très mal élevés. C'est vrai, Jim?

JIM: Oh, vous savez, c'est un grand pays. Il y en a de toutes sortes, des bien, et des mal élevés.

BÉNÉDICTE: Moi, je veux aller en Amérique avec tonton Jim et tante Evelyne. Mais je ne veux pas aller à l'école. Je veux monter à cheval avec un chapeau de cow-boy, et regarder la télévision jusqu'à mi-nuit. C'est vrai, tonton Jim, qu'il y a beaucoup de chaînes, en Amérique?

JACQUES: *(très bien informé)* Oui, oui, ils en ont beaucoup, mais c'est plein de publicité. De la pub, et encore de la pub. Nous, nous avons des programmes de qualité. Pourtant, je ne suis pas en faveur du contrôle du gouvernement sur la télévision. Et qu'est-ce que tu penses de la télévision à péage, Jim? *(Il se tourne vers son fils.)* Où vas-tu, Fabrice?

MONETTE: Chut, laisse-le sortir pendant que sa grand-mère ne regarde pas. Il a rendez-vous, le pauvre petit. Ses copains sont si sympathiques . . . Tous de bonnes familles.

GRAND-MÈRE: *(qui arrive de la cuisine)* Reviens, Fabrice. Mais qu'est-ce que c'est que ces manières? Assieds-toi. Tais-toi.

BÉNÉDICTE: Est-ce que tu connais des stars de cinéma, tonton Jim?

FABRICE: *(sarcastique)* Bien sûr. Il connaît Tom Mix, Marilyn Monroe et Clark Gable, petite dinde.

BÉNÉDICTE: Débile!

MONETTE: *(à Evelyne)* Tu vois, ils causent comme des grands. Est-ce que ton fils est aussi avancé?

GRAND-MÈRE: Surtout, ne faites pas de projets pour dimanche prochain! Vous savez que nous allons tous déjeuner chez les cousins Moreau. Il y aura leur fille, avec son mari, ses enfants, et ses beaux-parents. Les enfants sont de l'âge de Fabrice et Bénédicte.

MONETTE: Pas brillants, les enfants, il paraît. Très en retard dans leurs études. D'ailleurs, le père, vous savez. . .

GRAND-MÈRE: La semaine d'après il y a le mariage de Jocelyne, la fille des Duprat. Mais oncle Georges n'y sera pas. . . Pauvre oncle Georges, emporté comme ça! C'est bien triste.

JACQUES: Il buvait comme un trou, Georges, tout le monde sait ça. Et puis, il y a quelque chose qui ne tourne pas rond chez tous les Duprat.

JIM: *(pour changer de sujet; il n'a pas l'habitude de la famille)* Ce sera un grand mariage? Il y aura beaucoup de monde?

GRAND-MÈRE: Rien que la famille, ça fait une foule! Tous des gens qui s'aiment et qui ne veulent pas se perdre de vue. Toutes les occasions de se retrouver sont bonnes!

FABRICE: C'est beau, la famille!

Questions sur *C'est bon d'être en famille!*

Essayez de ne pas regarder le texte pour répondre.

1. Quelle est l'occasion de cette réunion de famille?

2. Quels sont les membres présents et quel est leur rapport familial les uns avec les autres?

3. Qu'est-ce que Monette pense de ses enfants? Êtes-vous d'accord? Quels termes emploieriez-vous pour les décrire?

4. Jacques pose des questions à Jim. Est-ce pour savoir la réponse? Expliquez.

5. Qui a de l'autorité dans cette famille? Et sur qui?

6. Pensez-vous qu'Evelyne va revoir sa meilleure amie d'école? Pourquoi?

7. Quelle est l'attitude de Bénédicte (assez répandue en France) sur les diminutifs? Est-ce la même chose aux États-Unis? Expliquez.

8. Est-ce que Bénédicte trouve vraiment le chapeau ridicule? Qu'est-ce qu'elle voudrait?

9. Est-ce que cette famille admire tous les autres membres? Qu'est-ce qu'ils disent?

10. Un personnage ne parle pas. Qui est-ce? Voulez-vous imaginer pourquoi?

11. Est-ce que cette famille déteste être ensemble? Est-ce que ces gens, au fond, s'aiment ou se détestent? Pourquoi?

12. Evelyne et Jim font un long voyage, chaque année, pour revoir la famille. Est-ce que cela indique quelque chose? Quoi? C'est bon d'avoir une famille, oui ou non? Pourquoi?

Remarques et répliques

Répondez dans l'esprit du texte et avec imagination.

1. BÉNÉDICTE: Pourquoi mon cousin Steve n'est-il pas venu en France?
   L'ONCLE JIM: . . . . . .

2. UN COPAIN DE FABRICE: Pourquoi ne peux-tu pas venir déjeuner avec nous aujourd'hui, Fabrice?
   FABRICE: . . . . . .

3. JACQUES: La crise? le **chômage?** Je vais te dire ce que le président des États-Unis devrait faire. . .
   JIM: . . . . . .

4. LA GRAND-MÈRE: Monette, vos enfants sont insupportables.
   MONETTE: *(indignée)* . . . . . .

5. LA GRAND-MÈRE: Le pauvre oncle Georges! Mort, à son âge, c'est bien triste. . .
   JACQUES: . . . . . .

(Dans la famille Moreau. On parle de Jacques, Monette et leurs enfants.)

6. M. MOREAU: Tiens, j'ai vu Jacques, l'autre jour. Tu sais, le cousin qui est marié avec Monette Delmas. Ils ont deux enfants, tu sais.

   MME MOREAU: *(qui n'admire pas la famille de Jacques)* . . . . . .

7. UN AUTRE COUSIN: Ah, on va voir Evelyne. Il y a longtemps! Où habite-t-elle? Avec qui est-elle mariée?

   MME MOREAU: . . . . . .

(Le jour du mariage de Jocelyne Duprat.)

8. UN PETIT COUSIN: *(à Bénédicte)* Bébé, Bébé, Bénédicte. . .

   BÉNÉDICTE: *(furieuse)* . . . . .

9. FABRICE: *(à un cousin de son âge)* Penses-tu qu'on peut partir sans qu'on nous remarque? J'en ai assez de ces réunions de famille.

   LE COUSIN: . . . . . .

10. GRAND-MÈRE: *(qui a entendu)* Fabrice! Qu'est-ce que tu complotes encore?

    FABRICE: . . . . . .

Conversations suggérées

1. *Voulez-vous sortir avec moi?* Vous téléphonez à quelqu'un que vous avez rencontré et qui vous semble sympathique. Vous expliquez qui vous êtes. L'autre personne répond, très content(e) de votre coup de téléphone. Vous parlez de choses et autres et puis vous dites (ou l'autre personne dit) «Sortons ensemble». Est-ce que l'autre accepte? Pourquoi? Conclusion.

2. *Une querelle d'amoureux.* Vous vous querellez avec votre mari/votre femme/votre petit ami/votre petite amie. Pour quelle raison? Qui a tort? Qui a raison? Quelle est l'attitude de chacun: la colère? les excuses? raisonnable, ou pas raisonnable? Quelle est la conclusion?

3. *Une grande réunion de famille pour célébrer votre anniversaire.* Votre mère voudrait organiser une grande réunion de famille pour célébrer votre anniversaire. Êtes-vous d'accord? Racontez la conversation, qui est peut-être une discussion.

4. *Un grand mariage, ou une petite cérémonie intime?* Un ami/Une amie et vous parlez de la cérémonie de mariage que vous préférez. Un/une préfère un grand mariage, l'autre une cérémonie intime avec très peu d'invités. Discutez, et donnez chacun les arguments en faveur de votre préférence.

ALLÔ! RÉPONDEZ AU TÉLÉPHONE!

Une demande en mariage

Étienne et Martine sont très bons amis. En fait, il y a entre eux une sorte d'amitié tendre. Mais Étienne, qui est très timide, est amoureux fou de Martine, et n'ose pas le lui dire. Martine est-elle loin de le considérer comme un fiancé possible? Ce soir, prenant son courage à deux mains, il téléphone à Martine.

ÉTIENNE: Allô, Martine? Ici Étienne. Ça va, ce soir?

MARTINE: . . . . . .

ÉTIENNE: Je pensais à toi, et j'avais envie d'entendre ta voix.

MARTINE: . . . . . .

ÉTIENNE: Tu es si gentille. Tu n'es pas comme les autres filles. Tu es quelqu'un de formidable.

MARTINE: . . . . . .

ÉTIENNE: Oh, non, moi, je suis très ordinaire. Tu sais, Martine, je voudrais te poser une question. . .

MARTINE: . . . . . .

ÉTIENNE: Oui, mais ce n'est pas facile, parce que je suis si timide avec les femmes.

MARTINE: . . . . . .

ÉTIENNE: C'est une question importante.

MARTINE: . . . . . .

ÉTIENNE: Non, je ne veux pas te demander ce que tu fais ce soir. C'est une question beaucoup plus importante que ça.

MARTINE: . . . . . .

ÉTIENNE: Non, je ne veux pas te demander si tu es fâchée à cause de l'autre jour. Ce n'est pas ma faute s'il pleuvait pour le pique-nique.

MARTINE: . . . . . .

ÉTIENNE: C'est une question très, très importante. C'est quelque chose qui changera notre vie.

MARTINE: . . . . . .

ÉTIENNE: Non, ce n'est pas une question de vendre ma moto et d'acheter une voiture. C'est quelque chose qui représente tout notre avenir. . . Martine, je t'aime.

MARTINE: . . . . . .

ÉTIENNE: Maintenant, devines-tu ma question?

MARTINE: . . . . . .

ÉTIENNE: Quoi? Tu avais deviné tout de suite? Ah, les femmes! Et. . . quelle est ta réponse?

MARTINE: . . . . . .

PARLEZ AVEC LES JEUNES

Quelques termes du français familier

un homme	un mec, un gars
une fille	une nana
les enfants	les gamins, les petits
les enfants (quand ils sont petits)	les mioches
sérieusement	sans blague
amusant(e)	rigolo, rigolote
s'amuser, rire	rigoler
être amoureux	être pincé
être amoureux de quelqu'un	en pincer pour (Il en pince pour elle.)

Remplacez les termes indiqués par un terme du français familier.

1. *Sérieusement?* Tu *es amoureux de* Jacqueline?

2. Ces *petits enfants* sont gentils.

3. Tu connais Michel? C'est *un type* très *amusant.*

4. Alain est transformé! Je crois qu'*il est amoureux.*

5. Viens avec moi, on va bien *s'amuser.*

6. Regarde cette belle *fille!* Tous *les hommes* la regardent.

7. Il y a dix enfants chez nous; mes parents adorent *les enfants*.

8. Tiens! C'est une idée *amusante*.

9. Je pars demain faire le tour du monde. *Sérieusement?*

10. La porno, ce n'est pas pour *les enfants*.

Ces images vous parlent. Répondez-leur . . .

1. *(Coco La Fleur)*
Quel est le rapport entre ces deux jeunes gens? Qu'est-ce qu'il montre à la jeune fille? Quelle est leur conversation?

2. *(French Postcards)*
Un couple sympathique, n'est-ce pas? Pourquoi s'embrassent-ils? Quelle est leur conversation?

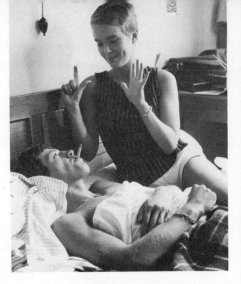

3. *(Que les gros salaires lèvent le doigt, avec Jean Poiret et Marie Laforêt)*
Est-ce un toast? Autre chose? Quelle est l'occasion: heureuse? triste? solennelle? Essayez de construire une petite scène autour de cette image et de ces gens.

4. *(À bout de souffle, avec Jean-Paul Belmondo et Jean Seberg)*
Quelle est la signification du nombre que cette jeune femme montre? (Note culturelle: Remarquez-vous une différence entre la façon française et la façon américaine de montrer les nombres?)

5. *(Jules et Jim, un film de Truffaut, avec Jeanne Moreau)*
Qui sont ces gens, et quel est leur rapport? Imaginez leur conversation, et l'occasion de cet apéritif dans un jardin.

DEUXIÈME LEÇON

L'apparence physique

Être en beauté et être en forme

(*L'aîné des Farchaux*, avec Jean-Paul Belmondo)
Un match de boxe. Que pensez-vous de ce sport violent? Aimez-vous le regarder? Pourquoi?

DEUXIÈME LEÇON

L'apparence physique

Être en beauté et être en forme

Vous ressemblez probablement à vos parents, à vos grands-parents, à vos frères ou à vos sœurs.

À qui ressemblez-vous?

Si vous avez des enfants, **ils vous ressemblent** peut-être.

Est-ce que quelqu'un vous ressemble?

Si vous demandez un passeport, il faut votre signalement, c'est-à-dire une description de votre personne.

Avez-vous un document qui porte votre signalement? (Un permis de conduire, par exemple?)

D'abord, votre **taille.** Vous êtes petit, grand, ou de **taille moyenne.**

Êtes-vous plus grand ou plus petit que votre père? que votre mère?

Vous faites (ou vous mesurez) un mètre cinquante, ou soixante, etc. ou même, si vous êtes très grand, un mètre quatre vingt-dix.

Combien faites-vous en mètres et en centimètres?

Approximations pratiques entre le système américain et le système métrique

1 *inch*	correspond à 2,5 centimètres (cm)
1 *foot*	correspond à 30 centimètres
1 *yard*	correspond à 90 centimètres
1 *mile*	correspond à 1.609 <u>mètres (m)</u> ou 1 kilomètre 600 (km)

1 mètre est 100 centimètres
1 kilomètre est <u>1.000 mètres</u> ou $\frac{5}{8}$ du mile

On **se pèse** pour savoir son **poids.**
Les personnes **minces** ont souvent
tendance à **maigrir;** les personnes
grosses ont tendance à **grossir.**

Beaucoup de gens décident de
suivre un régime pour leur beauté
ou pour leur santé.

Il faut de la volonté pour suivre
un régime. Sinon, on le **laisse tomber.**

Une femme est jolie ou belle. Un
homme est beau.

Le contraire de joli(e) ou de beau,
c'est **laid** (ou: laide).

Vous êtes blond, **brun, châtain,
roux** (ou **blonde, brune, châtaine,
rousse**). On peut être blond **clair,**
blond **foncé,** etc. Il y a aussi des
combinaisons comme le blond
roux ou le châtain roux.

On peut aussi dire: «**J'ai les cheveux noirs** (ou blonds, gris, ou
blancs).»

Vous portez les cheveux longs,
courts, ou mi-longs, avec une **raie**
à droite ou à gauche ou au **milieu.**

Hommes et femmes vont **chez le
coiffeur pour se faire couper les
cheveux.** Sinon, **vous vous coiffez**
vous-même.

Aimez-vous vous peser? Qui enviez-vous: les gens qui ont tendance à maigrir ou ceux qui ont
tendance à grossir?

Avez-vous suivi un régime?
Quand? Pourquoi? En quoi consistait-il? (Il consistait à ne pas
manger de . . .)

Avez-vous beaucoup de volonté
quand vous suivez un régime?
Pourquoi? Avez-vous laissé tomber votre régime? Quels ont été les
résultats?

Y a-t-il des personnes que leur
profession oblige à suivre un régime? Lesquelles et pourquoi?

Est-ce que la beauté d'une personne dépend surtout de ses **traits**
ou de son expression? Pourquoi?

Êtes-vous blond(e), brun(e), châtain(e), ou roux (rousse)? Comment votre grand-mère a-t-elle les
cheveux? Aimez-vous les cheveux
gris? Quand vous les aurez gris,
ferez-vous changer leur couleur?
Pourquoi?

Comment portez-vous les cheveux?

Allez-vous souvent chez le coiffeur? Pourquoi?

Le coiffeur vous fait un shampooing (ou il vous lave la tête). Souvent, vous vous coiffez mieux vous-même, parce que vous savez quelle coiffure **vous va bien**: plate, **frisée**, le chignon ou les cheveux libres, une **frange** ou le front découvert.

Vous lavez-vous souvent la tête? (*Attention*: On ne dit pas «se laver les cheveux».)

Décrivez votre coiffure.

Si vous voulez changer la couleur de vos cheveux, il vous faut **un rinçage**, **une teinture**, ou, pour un changement complet, une **décoloration** et une teinture. Des **mèches plus claires** sont parfois jolies.

Aimez-vous la couleur de vos cheveux? Pourquoi? Comment peut-on changer cette couleur sans faire un changement complet?

Si vous ne désirez pas changer votre coiffure, vous dites au coiffeur: **«Rafraîchissez mais ne raccourcissez pas!»**

Que dites-vous au coiffeur si vous désirez un petit changement? un changement complet?

Vous avez les yeux noirs, marron[1], gris, verts ou bleus.

De quelle couleur avez-vous les yeux?

Vous avez **le teint clair,** ou le teint **mat,** ou le teint foncé. Si vous passez beaucoup de temps au soleil, vous avez le teint **bronzé.** Vous avez peut-être des **taches de rousseur.** Si vous êtes en bonne santé et reposé, **vous avez bonne mine** (le contraire: mauvaise mine).

Est-ce que le soleil est bon pour votre teint? Bronzez-vous ou rougissez-vous?

Après une maladie, avez-vous bonne ou mauvaise mine? Comment êtes-vous après une heure de tennis? après des vacances à la plage?

Quand vous avez bonne mine, **vous êtes en beauté.**

Vous avez le nez droit, court, long. Peu de gens sont satisfaits de la **forme** de leur nez. C'est pourquoi il y a des **chirurgiens esthétiques.**

Que pensez-vous des gens qui changent la forme de leur nez: Ont-ils raison, ou tort? Pourquoi? Cyrano avait le nez très long. Sa situation serait-elle aussi pathétique aujourd'hui? Pourquoi?

---

[1] *marron:* invariable (couleur de marron). On appelle *marron* la couleur qu'on appelle en anglais *brown*. (La couleur *maroon* est *grenat* en français.)

Pour un homme, la barbe, la moustache et les **pattes** sont des moyens de transformer les traits.

«Un **baiser** sans moustache est comme un **plat** sans sel.» Êtes-vous d'accord?? Pourquoi?

Suivant la mode, un homme **se laisse pousser les cheveux,** la barbe, la moustache, ou bien il **se rase** et se fait couper les cheveux courts.

Pensez-vous que le fait de porter une barbe indique une certaine personnalité? Pourquoi?

Les **produits de beauté**[2] sont utiles pour **améliorer** votre apparence. Mettre des produits de beauté colorés sur son visage, c'est **se maquiller.**

Préférez-vous les gens qui sont complètement naturels ou ceux qui emploient des produits de beauté? Expliquez.

Y a-t-il des professions où on est obligé de se maquiller? Lesquelles? Et pourquoi?

La meilleure façon d'améliorer son apparence, c'est de **faire de l'exercice:**

On fait de la marche, ou du jogging.
On fait de la bicyclette.
On fait de la gymnastique.
On fait des exercices aérobiques.

Quel est le but de ces différents exercices?

On peut aussi **faire des haltères.**
weights

Quel est le résultat de la pratique des haltères?

Si vous faites de l'exercice régulièrement, **vous êtes en forme.**

Décrivez une personne qui est en forme, et une qui n'est pas en forme, en employant beaucoup de vocabulaire de cette leçon.

Sujets d'exposés

Chaque élève préparera une des questions suivantes, et parlera pendant 2 ou 3 minutes sur le sujet choisi. Une bonne préparation est courte, mais claire, intéressante, et emploie *le plus possible d'expressions de la leçon.*

---

[2]   *les produits de beauté:* Attention, il ne faut pas confondre ce terme avec le mot anglais *cosmetics.* Un *cosmétique,* en français, est une crème pour fixer les cheveux.

1. *Votre signalement.* Combien mesurez-vous? Êtes-vous blond(e)? brun(e), etc.? Comment avez-vous les yeux? le teint? le nez? etc.

2. *Connaissez-vous quelqu'un qui a eu une opération de chirurgie esthétique?* Pourquoi? Est-ce que les résultats ont été heureux ou non? Expliquez.

3. *Faites le portrait de votre homme idéal, de votre femme idéale,* ou simplement, celui de l'homme ou de la femme qui est important(e) dans votre vie.

4. *La personne à l'apparence la plus intéressante,* en beauté, en laideur, ou pour une autre raison—que vous connaissez.

5. *Si, pour une bonne raison, vous étiez obligé(e) de transformer votre apparence,* que feriez-vous?

6. *L'exercice et les sports:* Quels sont les exercices et les sports que vous pratiquez, ou que vous aimeriez pratiquer? Pourquoi?

Polémique ou discussion

Les étudiants se divisent en groupe *pour* et en groupe *contre*. Ils préparent leurs arguments et les présentent avec vigeur et conviction. Quel groupe gagne? C'est celui qui a convaincu le «juge» (le professeur? un étudiant?).

Sujet numéro 1: La beauté et le mariage.

a. Il est préférable d'épouser une très jolie femme ou un homme très beau.
b. Il est préférable d'épouser une femme laide ou un homme laid.

Sujet numéro 2: L'âge et la beauté.

En Amérique, «beauté» est presque synonyme de «jeunesse». Dans les cultures plus anciennes, comme en France, on admire aussi bien la beauté des personnes plus âgées, celle qui vient avec les années.
a. La vraie beauté, pour un homme et pour une femme, c'est celle de la jeunesse.
b. La vraie beauté, pour un homme comme pour une femme, vient avec le caractère et les années.

Sujet numéro 3: L'apparence et le caractère.

Un homme célèbre a dit: «Un adulte est responsable de son apparence». Il voulait dire que, passé un certain âge, votre apparence reflète ce que vous êtes, et n'est pas un accident de la nature, sans rapport avec votre caractère.
a. Ce monsieur avait raison, parce que. . .
b. Ce monsieur avait tort, parce que. . .

DES GENS PARLENT

Le Bel Inconnu de la Côte d'Azur

Cette conversation a lieu entre deux jeunes filles, étudiantes. On entend sonner midi. Bruit de la sortie des cours. Parmi le tumulte, on entend des choses comme: «. . . premier jour de cours. . . Content de recommencer, et toi?. . . Tu as passé de bonnes vacances? etc.»

JACQUELINE: *(simple et naturelle)* Monique! Monique!

MONIQUE: *(prétentieuse et affectée; elle affecte un ton supérieur)* Mais je t'entends, Jacqueline, inutile de crier si fort. Tout le monde nous regarde. . .

JACQUELINE: Ça ne fait rien! Je suis si contente de te revoir! Tu t'es fait couper les cheveux, tu es bronzée, et oh! comme tu es mince! Tu es très en beauté! Tu as passé tes vacances à la plage?

MONIQUE: Oui, sur la Côte d'Azur. Tout le monde y va, maintenant. Ça devient impossible. . .

JACQUELINE: *(admirative)* Eh bien, tu as de la chance! Moi, j'ai passé l'été à la campagne, chez ma grand-mère. Il n'y avait rien à faire, il pleuvait tout le temps. D'ailleurs moi, j'ai le teint clair, et je rougis au soleil, c'est un désastre! Et puis, j'ai grossi, parce que ma grand-mère fait de la bonne cuisine, et elle me fait manger, parce qu'elle me trouve toujours trop mince. . . Alors tu vois, je ne suis pas en forme, tandis que toi, tu es mince, bronzée, et tu as une coiffure d'un chic!

MONIQUE: *(sans enthousiasme)* Mais non, mais non, voyons, tu exagères. . . Tu n'es pas si mal que ça. . . dans ton genre.

JACQUELINE: Si on déjeunait ensemble? On a des tas de choses à se dire! Tu vas me raconter ce que tu as fait sur la Côte d'Azur. Quand je pense que moi, j'étais toute seule. . . Parce que je ne compte pas mon frère. Il est impossible. Il fait deux heures d'haltères par jour et il est de plus en plus prétentieux, parce que les filles le trouvent beau. Enfin, il est parti pendant une semaine, je ne sais pas où il est allé. . . Probablement montrer ses muscles et prendre des airs importants avec des gens qui ne le connaissent pas. . .

MONIQUE: *(avec un petit rire)* Ma pauvre Jacqueline, tu as vraiment une famille. . . sans charme! *(dramatique)* Eh bien, figure-toi que moi, j'ai rencontré le Prince Charmant. . . en personne.

JACQUELINE: *(toujours pleine d'admiration)* Oh, ça, alors, c'est formidable. Raconte.

MONIQUE: Oui, tu sais, un véritable athlète, un mètre quatre-vingts, bronzé, un blond aux yeux noirs. Toute la plage le regardait, et toutes les filles étaient folles de lui. Mais c'est moi qu'il a remarquée. . . Nous étions inséparables.

JACQUELINE: *(de plus en plus admirative)* Sensationnel! Comme c'est romanesque! Comment s'appelle-t-il?

MONIQUE: Eh bien, c'est très mystérieux. Il ne pouvait pas révéler son identité. Il m'a dit: «Appelez-moi comme vous voudrez, mon vrai nom est un secret.» C'est peut-être un prince en exil. . .

JACQUELINE: Ou un acteur incognito. . . ou un agent secret. Oh que c'est passionnant! Est-ce que tu le reverras?

MONIQUE: Hélas, je ne sais pas. Il m'a dit qu'il y avait des intérêts nationaux en jeu. Mais je sais qu'il m'adore et qu'il ne m'oubliera pas.

JACQUELINE: Monique, c'est terrible, mais c'est si romanesque! Ce n'est pas à moi qu'il arrive des aventures pareilles! Tiens, et voilà mon frère qui me cherche. C'est sûrement pour me demander de l'argent. Mais Monique, qu'est-ce que tu as? Tu pâlis! Es-tu malade, soudain? Ça ne va pas? Tu me fais peur!

MONIQUE: Mon Dieu! Mais. . . C'est ton frère? Ce. . . ce garçon? C'est impossible! C'est mon bel inconnu de la Côte d'Azur!

Questions sur *Le Bel Inconnu de la Côte d'Azur*

Ne regardez pas votre livre pour répondre. Il est préférable de donner une réponse approximative, basée sur ce que vous savez, plutôt que de répéter le texte mot à mot.

1. Comment est Monique après ces vacances? Pourquoi?

2. Et comment est Jacqueline après ces vacances? Pourquoi?

3. Avec qui Jacqueline a-t-elle passé ses vacances? Où était son frère? Comment est-il, d'après Jacqueline?

4. Comment était le bel inconnu que Monique a rencontré sur la Côte d'Azur?

5. Pourquoi ce jeune homme ne pouvait-il pas révéler son identité?

6. Pourquoi le frère de Jacqueline la cherche-t-il?

7. À quel point de l'histoire avez-vous deviné qui était le bel inconnu? Pourquoi?

8. Y a-t-il une morale générale à cette histoire?

Remarques et répliques

Répondez aux remarques ou aux questions suivantes dans l'esprit du texte.

1. MONIQUE: Ne parle pas si fort, Jacqueline! Tout le monde nous regarde.
   JACQUELINE: . . . . . .

2. JACQUELINE: Oh, Monique, comme tu es bronzée! Et comme tu es mince. . .
   MONIQUE: . . . . . .

3. JACQUELINE: Moi je suis si grosse. . . Comment fais-tu pour être aussi mince?
   MONIQUE: . . . . . .

4. MONIQUE: Eh bien, figure-toi, j'ai rencontré le Prince Charmant. En personne.
   JACQUELINE: . . . . . .

5. LA GRAND-MÈRE DE JACQUELINE: Sais-tu où ton frère est allé? Il est parti depuis trois jours.
   JACQUELINE: . . . . . .

6. UNE DAME SUR LA PLAGE: Regardez ce grand garçon blond. Je crois que toutes les filles sont folles de lui!
   L'AUTRE DAME: . . . . . .

7. LE FRÈRE DE JACQUELINE: *(à un copain)* Veux-tu venir passer quelques jours sur la Côte d'Azur avec moi? C'est plein de belles filles. . .
   LE COPAIN: . . . . . .

8. (Sur la plage) LE BEL INCONNU: C'est la destinée qui nous a réunis sur cette plage. . . . D'habitude, je ne vais jamais dans des endroits publics.
   MONIQUE: . . . . . .

9. MONIQUE: Comment vous appelez-vous?
   LE BEL INCONNU: . . . . . .

Conversations suggérées

1. *Présente-moi quelqu'un de sympa.* Un ami, ou une amie, vient passer quelque temps dans votre ville. Il/elle vous demande de lui présenter

une femme ou un homme. Vous faites des descriptions de personne(s) que vous connaissez. Il/elle pose des questions et vous répondez. Quelle est la conclusion?

2. *Au téléphone: J'ai rencontré quelqu'un de sensationnel.* Qui est-ce? Vous racontez cette rencontre, avec une description enthousiaste. . . . à un ami? à votre fiancé(e)? à votre mère? L'autre personne n'est pas enthousiaste, critique le sujet de votre admiration, pose des questions, et vous conseille de mieux regarder. Quelle est la conclusion?

3. *Un ami (ou une amie) désire changer son apparence physique.* Il/Elle vous explique pourquoi. Qu'est-ce qu'il/elle voudrait changer? Comment? Vous donnez des conseils et vous discutez avec lui/elle. Quelle est la conclusion?

ALLÔ! RÉPONDEZ AU TÉLÉPHONE!

Un prof séduisant

C'est le soir de la première journée à l'université. Fabienne téléphone à Dominique. Inventez le rôle de Dominique. (*Attention:* Lisez toutes les répliques avant de commencer.)

FABIENNE: Allô, Dominique? Ça va? Qu'est-ce que tu penses de tes cours?

DOMINIQUE: . . . . . .

FABIENNE: C'est de la chance d'être ensemble dans le cours d'informatique. Le prof n'est vraiment pas mal, n'est-ce pas?

DOMINIQUE: . . . . . .

FABIENNE: Tu n'es pas d'accord? Comment le trouves-tu, alors?

DOMINIQUE: . . . . . .

FABIENNE: Ah, c'est sans doute parce que tu n'aimes pas les hommes qui sont petits. . . Moi, je les adore, surtout s'ils sont un peu gros.

DOMINIQUE: . . . . . .

FABIENNE: Mais non, il n'est pas vraiment chauve! Il a des cheveux sur les côtés. Et puis, c'est sexy, les hommes chauves, tu ne trouves pas?

DOMINIQUE: . . . . . .

FABIENNE: Et dis donc, tu as remarqué ses beaux yeux? Il me regardait tout le temps, pendant le cours.

DOMINIQUE: . . . . . .

FABIENNE: Oui, bien sûr, on voit moins les yeux derrière des lunettes. Et puis sa barbe lui cache un peu les yeux aussi. Mais j'adore les hommes à barbe. Pas toi?

DOMINIQUE: . . . . . .

FABIENNE: Mais alors, quelle sorte d'homme aimes-tu?

DOMINIQUE: . . . . . .

FABIENNE: Eh bien, moi, j'aime les hommes intelligents et qui ont de beaux yeux.

PARLEZ AVEC LES JEUNES

Quelques termes du français familier

beau (belle), et gentil (gentille)	chouette (il est chouette, elle est chouette)
laid(e), pas gentil(le)	moche, minable
très	vachement
superbe, formidable, excellent	terrible
musclé	balèze
un type bien bâti	un beau gars *dumb new*
une fille bien bâtie	une fille bien roulée
Il y a beaucoup de. . .	Il y a plein de. . .

A. *Remplacez par un terme du français familier.*

1. Tu as vu cette fille? Elle est *jolie* et elle est *bien bâtie*.
2. Cette plage est *superbe*. Et regarde tous ces mecs *musclés!*
3. Comment trouves-tu la fiancée de Pierre? Je la trouve *très belle*.
4. Pourquoi passes-tu du temps avec ce type *laid*?
5. Il n'est pas *laid* et il est *très* sympa.
6. Tu aimes les films de James Bond? Oui, il y a *beaucoup* d'aventures *formidables*.

B. *Répondez en employant un terme du français familier.*

1. Comment trouves-tu cette fille?
2. Comment trouves-tu ce type?
3. Pourquoi fais-tu des haltères?
4. Quel type d'homme préfères-tu?
5. Quel type de femme préfères-tu?

Ces images vous parlent. Répondez-leur . . .

1. (*Le tatoué*, avec Louis de Funès et Jean Gabin)
   Que pensez-vous de ce groupe d'athlètes? À quel sport s'entraînent-ils? Pensez-vous qu'ils deviendront des champions? Pourquoi?

2. (*Chanel solitaire*, avec Marie-France Pisier)
   La célèbre Chanel, grande couturière et originatrice du parfum Numéro Cinq de Chanel. Quel costume porte-t-elle, et comment le trouvez-vous?

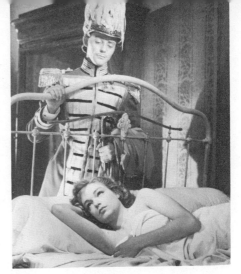

3. (*La nuit de Varennes*)
Dans ce film, il est question de la tentative d'évasion de Louis XVI et de Marie-Antoinette, pendant la Révolution. Donc, quelle période réprésentent ces costumes (date approximative)? Regrettez-vous ces modes? Aimeriez-vous les porter (version homme, ou version femme)? Préférez-vous la mode contemporaine? Pourquoi?

4. (*La ronde*, un film de Max Ophuls, avec Gérard Philippe et Simone Signoret)
Cette dame se réveille, et elle voit . . . . Qui voit-elle? Dans quel costume? Qu'est-ce qu'il fait là? Imaginez que vous êtes un de ces personnages, que dites-vous à l'autre?

5. (*Le clan des Siciliens*, avec Louis de Funès et Jean Gabin)
Pourquoi ces photos sont-elles sur le mur (parce que ces garçons sont beaux ou parce qu'ils sont recherchés par la police)? Pourquoi la dame montre-t-elle ce jeune homme? Qu'est-ce qu'elle dit?

6. (*Knock, ou le triomphe de la médecine*, avec Louis Jouvet)
Le docteur dit: «Faites AAAH.» Pourquoi examine-t-il ce patient? Imaginez une petite conversation entre le patient et le docteur.

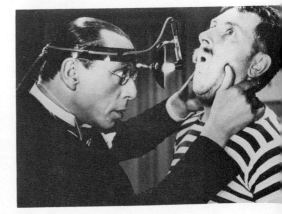

TROISIÈME LEÇON

Les controverses sociales

L'égalité des sexes • L'union libre • La prostitution • L'avortement • La punition du crime et la peine de mort • La drogue • L'homosexualité

(*L'une chante, l'autre pas*, avec Valérie Mairesse et Suzanne Liotard)
Une manifestation féminine. Quelle est la controverse en question? Quel droit est-ce que ces femmes revendiquent? Êtes-vous d'accord avec elles? Pourquoi?

TROISIÈME LEÇON

Les controverses sociales

L'égalité des sexes · L'union libre · La prostitution · L'avortement · La punition du crime et la peine de mort · La drogue · L'homosexualité

Voilà l'usage:

La société change constamment. Ces **changements** affectent les valeurs, c'est-à-dire, ce qu'on considère moralement et socialement **bien et mal**, ou **bon et mauvais**.

Les lois reflètent les valeurs d'une société, et le changement de ces valeurs cause les changements des lois.

L'égalité des sexes semble évidente de nos jours. Mais ce n'était pas toujours le cas. La cérémonie du mariage demandait, par exemple, **l'obéissance** de la femme à son mari et donnait beaucoup de **droits** au mari sur sa femme et ses enfants. La femme, elle, avait surtout des **devoirs**. . . Dans certains pays d'Europe, une femme mariée a encore besoin de l'autorisation de son mari pour passer son permis de conduire ou pour demander un passeport. Le vote des femmes n'est arrivé qu'après beaucoup d'efforts de la part des féministes de l'époque.

Maintenant, la question:

Nommez une question contemporaine qui montre que la société **est en train de** changer.

Les lois sont-elles fixes, ou changent-elles? Pourquoi?

Êtes-vous en faveur de l'égalité totale des sexes? Pourquoi? Acceptez-vous l'idée que les femmes **fassent la guerre** et risquent leur vie au combat? Une femme doit-elle être légalement responsable de sa **part** des responsabilités financières de la famille? Pourquoi?

Pouvez-vous imaginer quels arguments il y avait contre le vote des femmes?

Qu'est-ce qu'il faut **permettre?**
Qu'est-ce qu'il faut **défendre** (ou: interdire)?

L'union libre, par laquelle deux personnes décident de vivre ensemble, peut-être d'avoir des enfants sans se marier, était longtemps condamnée comme immorale. Maintenant, elle est généralement acceptée, et certains pays, la France, par exemple, ont un statut légal pour le couple non marié, pour protéger les droits aux services sociaux du mari ou de la femme **de droit commun** et de leurs enfants.

Que pensez-vous de l'union libre?

Pourquoi, malgré l'acceptance courante de l'union libre, y a-t-il **tant de** gens qui se marient?

Pourquoi y a-t-il tant de divorces de nos jours? (Est-ce parce que les gens cherchent le bonheur dans le mariage?)

La prostitution est, dit-on, «le **métier le plus ancien**». Elle existe **sur une grande échelle,** surtout dans les centres urbains. Les différents pays ont des lois différentes **en ce qui concerne** la prostitution. En France, par exemple, où les **maisons closes** étaient depuis longtemps acceptées par la loi, elles **ne le sont plus,** mais la prostitution de la rue reste **permise.** Est-ce un bien? Tout le monde n'est pas d'accord. Faut-il légaliser la prostitution ou faut-il l'interdire vigoureusement? Dans ce **dernier** cas, qui faut-il punir? **Jusqu'à présent,** les sanctions s'adressent à la prostituée plus qu'au client.

La prostitution est sûrement un mal. Est-elle aussi un bien? Expliquez pourquoi.

Sur qui placez-vous la responsabilité: sur la prostituée, ou sur le client? Pourquoi?

Pensez-vous que la prostitution est vraiment un «crime sans victime»?

L'avortement est la source d'une autre controverse. Tout le monde **est d'accord** que la vie de l'enfant, après sa **naissance,** est protégée par la loi. Mais avant la naissance? A-t-on le droit de disposer de la vie du fœtus? Oui, disent certains. Une femme a le droit de disposer de son **corps** sans l'intervention de

Quelle est votre position personnelle sur le sujet de l'avortement? Expliquez votre position.

Si vous acceptez l'avortement, y mettez-vous des conditions? Lesquelles?

la société. Non, disent les autres. Un fœtus est une vie humaine. **Personne** ne peut en disposer. L'enfant, dès le moment de sa conception, a le même droit à la vie que sa mère ou que **n'importe qui.**

Il y a des considérations morales et religieuses. Il y a aussi des considérations pratiques. Un pays qui a besoin de limiter les naissances aura tendance à reconnaître l'avortement, **tandis qu'**un pays qui a besoin d'**augmenter** le **taux** de ses naissances aura tendance à le défendre.

Considérez-vous que le gouvernement doit payer pour l'avortement? Pourquoi?

Quelles sont les conséquences de l'avortement légal sur la démographie d'un pays? Sont-elles bonnes ou mauvaises?

Le crime augmente, dit-on. Il y a toutes sortes de crimes contre les personnes et contre les **biens.** Les crimes contre les personnes sont les plus révoltants, et parmi ceux-ci, le meurtre et le **viol.**

Pensez-vous que le meurtre au premier degré demande la **peine de mort** automatique?

Quelles pénalités recommandez-vous pour le viol?

Comment faut-il punir le crime? Pendant longtemps, la société employait des moyens cruels de **punition:** torture légale, souvent suivie d'une exécution barbare.

Est-ce que la prison corrige toujours le criminel? Pourquoi?

Aujourd'hui, beaucoup de questions se posent: Faut-il punir le crime ou réhabiliter le criminel? Préférez-vous la **vengeance** et la punition, ou **corriger** le criminel? Les efforts de réhabilitation ne réussissent pas toujours, ce qui donne des arguments à ceux qui sont en faveur de longues **peines en prison.**

Certains pays ont supprimé la peine de mort. La France, par exemple, qui depuis 1792 employait la guillotine comme **moyen** d'exécution, a récemment supprimé la peine de mort. Aux États-Unis,

Êtes-vous pour ou contre la peine de mort? Donnez vos raisons.

Est-ce que la guillotine était un moyen d'exécution plus ou moins cruel que la chambre à gaz, par

certains états ont voté contre la peine de mort et l'ont rétablie quelques années plus tard. Les condamnés attendent leur exécution **pendant des années.** Faut-il appliquer la peine de mort dans un bref délai ou la supprimer?

Les drogues aussi existent depuis toujours et l'homme a toujours cherché un moyen d'**échapper à** la réalité ou de la **rendre** plus supportable. L'alcool et le tabac sont des drogues qui causent un **accoutumance.**

En général, la société accepte l'alcool (avec des exceptions, généralement d'**ordre religieux**) et le tabac, malgré des **avertissements** médicaux.

La marijuana (on dit aussi *l'herbe*) cause une **douce** euphorie, disent les gens qui la fument. Crée-t-elle une accoutumance? Cause-t-elle des **dégâts** permanents au cerveau? Oui, disent les uns; non, disent les autres, elle est moins dangereuse que l'alcool et le tabac. C'est une drogue douce. Son usage ne cause pas la mort.

Il y a aussi des drogues dures. La cocaïne, qui **donne l'impression d'augmenter** les capacités physiques et mentales fait des ravages parmi ceux qui **ressentent** le besoin de fonctionner **au-dessus** de leurs capacités: les athlètes professionnels, les acteurs, les musiciens sont souvent des candidats à l'accoutumance, parce qu'ils **cher-**

exemple? Pourquoi?

Si on maintient la peine de mort, faut-il l'appliquer sans délai? Quel est le danger de cette applications rapide?

À votre avis, pourquoi prend-on des drogues?

Connaissez-vous quelqu'un qui a une accoutumance (à l'alcool, au tabac, et même au sucre et au chocolat!)? Quelles sont les conséquences et quels sont les dangers? **Comment guérit-on** cette addiction?

Êtes-vous en faveur de la prohibition de l'alcool? Donnez vos raisons.

Pourquoi est-il dangereux de fumer?

Pourquoi les lois contre la marijuana sont-elles beaucoup plus sévères que les lois contre l'alcool et le tabac?

Peut-on dire qu'il y a des drogues douces, ou sont-elles toutes également répréhensibles à votre avis?

Si la drogue était légale, en prendriez-vous dans certaines circonstances? Expliquez votre position.

chent des **performances** supérieures.

L'héroïne est la plus dangereuse des drogues. Son accoutumance est souvent difficile à guérir et il existe des cliniques de désintoxication pour les **usagers** des drogues.

On appelle la prostitution et la drogue des crimes sans victimes, parce que la victime est, en fait, victime seulement de son propre choix.

La question de l'homosexualité est en pleine évolution. Les sociétés grecques et romaines l'acceptaient, mais le judéo-christianisme la condamne.

Il n'est sûrement pas vrai que les **rapports** sexuels ne sont permis que dans le **but** de la procréation (les mariages entre personnes trop âgées pour avoir des enfants sont parfaitement légaux!). Alors pourquoi les interdire entre personnes du même sexe? Raisons sociales? Religieuses? Les objections contre l'homosexualité sont **nombreuses,** mais les arguments en sa faveur se multiplient.

Est-ce que la morale publique est la responsabilité de la société ou de l'individu? Expliquez.

Est-il plus difficile de résister aux tentations si elles sont offertes ouvertement? Ou l'attrait du **fruit défendu** est-il plus puissant?

Quels sont les arguments contre l'homosexualité?

Si un membre de votre famille était homosexuel, en seriez-vous **honteux (honteuse)? gêné(e)? fier (fière)?** Ou seriez-vous complètement indifférent à la question? Expliquez.

Êtes-vous en faveur d'un accroissement des libertés individuelles ou, au contraire, d'une sévérité accrue des lois contre le «crime sans victime»?

Y a-t-il vraiment des crimes sans victimes?

Sujets d'exposés

Choisissez un sujet et préparez un exposé de trois minutes environ.

1. *Comment le vote des femmes affecte-t-il le changement des lois?* Parlez des changements qui sont dûs en grande mesure au vote des femmes.

2. *Supposez que vous tombez amoureux.* Dans quelles circonstances direz-vous «Marions-nous» et dans quelles circonstances direz-vous

«Vivons ensemble»? Refusez-vous de considérer la possibilité de vivre ensemble sans être mariés? Justifiez votre position.

3. *Êtes-vous en faveur de la légalisation de la prostitution?* Expliquez.

4. *L'homosexualité.* Quels sont vos sentiments envers les homosexuels (on dit aussi «les gais»). Voyez-vous un danger ou, au contraire, désirez-vous l'acceptation d'un fait éternel? Expliquez.

Polémique ou discussion

Les étudiants se divisent en groupe *pour* et en groupe *contre*. Ils préparent leurs arguments et ils les présentent avec vigueur et conviction. Quel groupe gagne? C'est celui qui a convaincu le «juge» (le professeur? un étudiant?).

Sujet numéro 1: L'égalité des sexes?

a. Oui, il faut une égalité complète. Donnons les mêmes responsabilités financières aux femmes mariées et envoyons les jeunes femmes à la guerre! Parce que . . .

b. Non, il faut une égalité limitée. Les femmes et les hommes ont des différences biologiques **inéluctables.** Et si on tue les jeunes femmes à la guerre, c'est la fin de notre race. Parce que. . .

Sujet numéro 2: Légaliser les drogues?

a. Oui, il y a des drogues **inoffensives** qui sont illégales maintenant et d'autres, comme l'alcool et le tabac, qui sont légales et dangereuses. Il faut changer les lois parce que . . .

b. Non, il faut supprimer toutes les drogues, même l'alcool, même le tabac, peut-être. Il faut protéger les gens contre eux-mêmes, parce que . . .

Sujet numéro 3: La peine de mort?

a. Il faut la supprimer. C'est une peine barbare et qui ne rend pas de service à la société, parce que. . . .

b. Il faut la conserver et étendre son application, parce que . . .

DES GENS PARLENT

Avec lequel êtes-vous d'accord?

Trois copains de goûts très différents passent la soirée ensemble et discutent de divers sujets. Écoutez-les et décidez pour vous-même si vous êtes d'accord avec l'un d'eux. Ensuite, vous aurez l'occasion d'exposer votre propre point de vue.

JEAN-FRANÇOIS: Une cigarette, Arnaud?

ARNAUD: Non, merci, je ne fume pas. C'est un besoin que je n'ai pas, Dieu merci.

JEAN-FRANÇOIS: Et toi, Édouard?

ÉDOUARD: Moi, mon vieux, je ne fume plus.

JEAN-FRANÇOIS: Sans blague? Depuis quand?

ÉDOUARD: Depuis le mois dernier. J'ai décidé de cesser de fumer. C'est dur quelquefois. Mais jusqu'à présent, je tiens.

JEAN-FRANÇOIS: Et tu ne bois plus d'alcool, bien sûr?

ÉDOUARD: Oh, je n'ai jamais été un grand buveur. Je bois une bière de temps en temps, un apéritif avant le dîner à l'occasion, un peu de vin . . .

ARNAUD: Moi, je ne bois pas d'alcool. C'est contre mes principes.

JEAN-FRANÇOIS: Eh bien, vous êtes des rigolos! Et moi qui allais vous demander ce que vous pensez des drogues. J'ai un copain qui sniffe. Il dit que c'est formidable . . .

ÉDOUARD: Alors là, mon vieux, je ne suis pas avec toi. Les drogues dures, je n'y touche pas. C'est assez difficile de réussir dans la vie quand on est en pleine possession de ses moyens. Je n'ai pas envie de perdre contact avec la réalité.

ARNAUD: Tu as raison, Édouard. Moi, je n'y touche pas, mais c'est par principe moral et religieux.

JEAN-FRANÇOIS: Allons, voyons, Édouard. Tu ne fumes pas un peu d'herbe? Ça relaxe, le soir.

ÉDOUARD: J'ai essayé. Mais je n'aime vraiment pas ça. Le soir, j'aime mieux tenir une conversation intelligente. Je n'ai pas du tout envie de partir dans l'espace.

JEAN-FRANÇOIS: Et toi, Arnaud, qu'en penses-tu? Comme si je ne savais pas! Toi, tu n'es pas comme les autres . . .

ARNAUD: Comme les autres? Comme quels autres? Il y a beaucoup de gars qui ont les mêmes idées que moi, tu sais. Et puis, d'ailleurs, je n'ai pas particulièrement envie d'être comme «les autres». Je suis moi, tu es toi, et voilà.

JEAN-FRANÇOIS: Vous êtes des types réactionnaires tous les deux. Je plains vos futures épouses. Êtes-vous aussi en faveur de l'esclavage des femmes?

ÉDOUARD: De l'esclavage? Pas exactement. Je peux te dire que ma mère, qui est médecin, n'est pas exactement l'esclave de mon père. Je suis tout à fait en faveur de l'égalité des sexes. En fait, j'aimerais mieux épouser une fille indépendante. Les filles indépendantes sont souvent plus intéressantes.

ARNAUD: Tu veux vraiment l'égalité complète? Tu veux envoyer les femmes dans l'armée? À la guerre? Sur le champ de bataille?

JEAN-FRANÇOIS: Pourquoi pas, mon vieux? C'est l'égalité, n'est-ce pas? Les mecs se font tuer depuis des siècles, dans les guerres. C'est bien le tour des femmes.

ARNAUD: Eh bien, tu vois, là encore, je ne suis pas d'accord avec toi. Si on tue les femmes à la guerre, qui est-ce qui aura des enfants? Ce sera la fin de la race . . .

ÉDOUARD: Arnaud a raison. On ne peut pas échapper aux différences biologiques.

JEAN-FRANÇOIS: Je vois, je vois, vous êtes des rétrogrades. Vous êtes sûrement en faveur du mariage, et des enfants . . .

ÉDOUARD: As-tu quelque chose de mieux à proposer?

ARNAUD: On t'écoute, mon vieux.

JEAN-FRANÇOIS: Bien sûr que j'ai quelque chose de mieux. L'union libre! Pourquoi se marier, aujourd'hui? Tant de mariages finissent par un divorce. Pourquoi signer un contrat pour la vie quand on est jeune? C'est la seule circonstance où on te demande une promesse «pour la vie»! Tu peux changer de profession, de maison, de pays sans problème. Tu peux changer de nez si tu n'aimes pas le tien! Mais tu ne peux pas changer de femme sans passer par le divorce. Alors, pourquoi passer par là? On peut très bien vivre ensemble sans être mariés. Ça ne change rien.

ARNAUD: Pour moi, ça change tout.

ÉDOUARD: Et pour moi aussi, ce n'est pas pareil du tout. Je suis en faveur du mariage. Si je veux quelque chose de stable, alors il faut que je promette la stabilité. Et si on a des enfants . . .

JEAN-FRANÇOIS: On n'est pas obligé d'en avoir. Mais si on en a, il n'est pas nécessaire que les parents soient mariés.

ARNAUD: Mes parents sont mariés et je t'assure que je préfère ça. De beaucoup. Alors, je suppose que ce sera la même chose pour mes enfants à moi.

ÉDOUARD: Si on a des enfants sans être marié, c'est un peu comme de leur dire: «Le jour où j'en aurai assez de vous ou de votre mère, je pars, sans complications.» Pas très chic.

JEAN-FRANÇOIS: Moi, je ne fais de promesses pour la vie à personne. Si je trouve une fille qui accepte d'être la mère de mes enfants, eh bien, il faut qu'elle accepte aussi l'idée que le jour où j'en ai assez, je pars. Avec, ou sans les enfants, ce sera à décider quand le moment arrivera.

ARNAUD: Très élégant comme attitude! Heureusement que la fille trouvera probablement un autre mec pour élever tes enfants. Moi, je n'aimerais pas ça.

ÉDOUARD: Nous ne serons jamais d'accord. Mais j'ai une idée: Prenons rendez-vous pour nous retrouver dans . . . disons dans dix ans, et nous verrons qui avait raison.

JEAN-FRANÇOIS: D'accord. On verra qui avait raison.

ARNAUD: Non seulement ça, mais on verra ce que chacun de nous a fait de sa vie.

Questions sur *Avec lequel êtes-vous d'accord?*

1. Qui sont les participants à cette discussion?

2. Est-ce qu'Arnaud fume? Pourquoi? Est-ce qu'Édouard fume? Pourquoi?

3. Est-ce qu'Édouard boit de l'alcool? Et Arnaud? Pourquoi?

4. Qu'est-ce que Jean-François pense de l'attitude de ses copains?

5. Est-ce que Jean-François fume de l'herbe? Et Édouard? Et Arnaud?

6. Pourquoi Édouard ne veut-il pas fumer d'herbe?

7. Est-ce qu'Arnaud désire être «comme les autres»?

8. Est-ce qu'Édouard préfère les filles indépendantes? Pourquoi? Pensez-vous que sa mère est indépendante?

9. Jean-François pense-t-il que l'égalité complète des sexes demande qu'on envoie les femmes à la guerre? Pourquoi? Les autres sont-ils d'accord?

10. Lesquels sont en faveur du mariage? Contre le mariage? Quelles sont leurs raisons respectives?

11. Quelle est la conclusion de cette discussion?

12. Avez-vous des opinions que vous désirez exprimer sur le sujet de l'alcool? du tabac? des drogues? du mariage?

Remarques et répliques

Répondez dans l'esprit du texte et avec imagination.

1. JEAN-FRANÇOIS: Veux-tu une cigarette?
   VOUS: . . . . . .

2. ARNAUD: Je ne bois pas d'alcool par principe religieux. Et toi?
   VOUS: . . . . . .

3. JEAN-FRANÇOIS: *(à une jeune fille)* Je ne suis pas en faveur du mariage.
   Et toi?
   LA JEUNE FILLE: . . . . . .

4. ÉDOUARD: Moi, je suis en faveur de l'amour, du mariage, des enfants
   et de la famille. Et toi?
   VOUS: . . . . . .

5. ARNAUD: Est-ce que tu connais des gens qui prennent des drogues?
   JEAN-FRANÇOIS: . . . . . .

6. ÉDOUARD: Moi, j'aime bien l'idée d'une femme qui travaille, qui a
   une profession intéressante et qui est indépendante. Et toi?
   VOUS: . . . . . .

7. ARNAUD: Tu penses vraiment qu'il faut envoyer les femmes à la guerre?
   VOUS: . . . . . .

8. JEAN-FRANÇOIS: *(dix ans plus tard, à la femme qui partage sa vie)* Eh
   bien, au revoir, ma chérie. Je pars. Garde les enfants en souvenir
   de moi.
   LA DAME: . . . .

Conversations suggérées

1. *Fumer ou ne pas fumer?* Un(e) de vos ami(e)s fume. Vous essayez de
   le (la) convaincre de cesser, avec beaucoup d'arguments. Mais l'autre
   personne n'est pas d'accord, résiste et présente ses propres arguments
   en faveur du tabac. Quelle est la conclusion?

2. *La femme mariée et le travail.* C'est une conversation entre une jeune
   fille et son fiancé. Elle désire continuer à travailler, après leur mariage,
   dans une banque où elle a une excellente situation. Le jeune homme
   n'est pas d'accord. Il préfère que sa femme reste à la maison. Quels
   arguments est-ce que chacun présente? Quelle est la conclusion?

3. *Vos droits et vos responsabilités.* Deux ami(e)s parlent de leurs droits

et responsabilités: droits à l'indépendance, à la liberté, mais aussi responsabilités envers leurs parents, leurs amis, et eventuellement leur femme (ou: leur mari) et leurs enfants. Quelle est la conclusion: L'individu est libre, ou bien sa liberté est limitée par ses responsabilités?

ALLÔ! RÉPONDEZ AU TÉLÉPHONE!

S.O.S., Je voudrais changer de vie!

Jean-François est fatigué de sa vie: Il fume trop. Il boit souvent trop et il se réveille alors avec la **gueule de bois**. Récemment, il a essayé diverses drogues qui lui donnent une euphorie momentanée, mais un réveil encore plus difficile. Il n'ose pas parler à ses copains. Alors, il téléphone à un numéro qu'il a trouvé dans un journal. C'est un centre de désintoxication et des volontaires sont là, vingt-quatre heures par jour, prêts à aider ceux qui appellent.

JEAN-FRANÇOIS: Allô, c'est bien 225-45-67? À qui est-ce que je parle?

VOIX: . . . . . .

JEAN-FRANÇOIS: Moi, je m'appelle François. Veux-tu m'aider?

VOIX: . . . . . .?

JEAN-FRANÇOIS: Rien ne va. Je voudrais changer ma vie. Mais je ne sais pas par où commencer. D'abord, je voudrais cesser de fumer, et cesser de boire.

VOIS: . . . . . .?

JEAN-FRANÇOIS: J'ai essayé, mais je n'ai pas assez de volonté, et mes bonnes résolutions durent deux jours.

VOIX: . . . . . .

JEAN-FRANÇOIS: Tu as l'air de vouloir vraiment m'aider . . . Si je te promets d'essayer, et de te rappeler dans huit jours pour te dire comment ça va, est-ce que je te trouverai?

VOIX: . . . . . .

JEAN-FRANÇOIS: Merci. Tu es sympathique. Tu ne te moques pas de moi et tu as l'air sincère.

VOIX: . . . . . .

JEAN-FRANÇOIS: Tu sais, le plus difficile, c'est que mes copains vont se moquer de moi. Qu'est-ce que je leur dirai?

VOIX: . . . . . .

JEAN-FRANÇOIS: Oui, je connais un type qui ne boit pas et qui ne fume pas, par principe. Il est sympathique. Il s'appelle Arnaud.

VOIX: . . . . . .?

JEAN-FRANÇOIS: Non, il ne se moquera pas de moi si je lui téléphone.

VOIX: . . . . . .

JEAN-FRANÇOIS: Vraiment, tu voudrais faire ma connaissance? Ah, ça, c'est très chic. Moi aussi, je voudrais bien te connaître. Où veux-tu qu'on se rencontre?

VOIX: . . . . . .

PARLEZ AVEC LES JEUNES

Quelques termes du français familier

une cigarette	une sèche
les homosexuels	les gais
la marijuana	l'herbe
Ça m'est égal, ça ne m'intéresse pas	Je m'en fiche
J'en ai assez, je suis fatigué de ça	J'en ai marre, j'en ai ras le bol
boire à l'excès	se piquer le nez, picoler
être ivre	être soûl(e)
s'amuser, rire	se marrer, rigoler
amusant, amusante, drôle	marrant, marrante

Remplacez les termes indiqués par un terme du français familier (de cette leçon ou des leçons précédentes).

1. Je vais te raconter une histoire *très drôle.*
2. C'est *une cigarette* que tu fumes ou bien de *la marijuana?*
3. Tiens! Il y a une manifestation *d'homosexuels.* Qu'est-ce que tu en penses? Moi, *ça ne m'intéresse pas.*
4. Tu sais, je crois que ce *type boit trop.* L'autre jour, il avait l'air *ivre.*
5. Elle est *amusante,* cette *fille.* Quand je suis avec elle, *je m'amuse.*
6. *Je suis vraiment fatigué* de toute cette pub à la télé.
7. Qu'est-ce que tu penses de ces problèmes sociaux? *Ça m'est égal,* ça ne me concerne pas. *Je suis fatigué* de toutes ces questions.
8. Tu n'es pas sérieux. Tu es *ivre* ou bien tu *plaisantes.* (= tu t'amuses)

Ces images vous parlent. Répondez-leur . . .

1. (*L'une chante, l'autre pas,* avec Valérie Mairesse et Suzanne Liotard)
Cette jeune femme porte un bébé dans ses bras. Pensez-vous qu'elle est mariée? Pourquoi? Que pensent l'homme et la femme qui la regardent? Donnez votre interprétation personnelle de la scène.

2. (*Lacombe Lucien,* un film de Louis Malle)
Est-ce un père et son fils, ou quelqu'un d'autre? Pourquoi ce révolver et cette paire de ciseaux? Que dit le monsieur au jeune homme? Que répond le jeune homme?

3. *(Borsalino, avec Jean-Paul Belmondo)*
Trois drôles de types qui s'en vont . . . où? Portent-ils tous le même costume? Comment sont-ils armés? Imaginez ce que Belmondo (en casquette) dit au type derrière lui?

4. *(Le pull-over rouge)*
Une salle de tribunal. L'accusé est debout. A-t-il l'air d'un dangereux criminel? Est-il coupable ou innocent à votre avis? Qui, dans l'assistance, est membre de sa famille? Pourquoi choisissez-vous cette (ou ces) personne(s)?

5. (*Casque d'or*, un film de Jacques Becker)
Un condamné est conduit à la guillotine. Quelles sont ses pensées? Que lui dit le prêtre? Quelle est votre opinion de la peine de mort? (La peine de mort n'existe plus en France.)

6. (*La femme flic*, un film d'Yves Boisset, avec Miou-Miou)
C'est une femme agent de police (une femme «flic»). Que pensez-vous des femmes dans la police et dans les autres professions traditionnellement réservées aux hommes?

7. *(Le pull-over rouge)*
Pourquoi ces trois types sont-ils alignés, avec un numéro autour du cou?
Est-ce une occasion sociale ou judiciaire? Qu'est-ce qu'ils regardent, et
qu'est-ce qu'ils pensent?

8. *(Les risques du métier, un film d'André Cayatte, avec Jacques Brel)*
Ce type a des ennuis. Qu'est-ce qu'il a fait, à votre avis? Est-il coupable ou
innocent? Que pensent: le juge? le gendarme? l'avocat, à droite? la jeune
fille à côté de lui?

QUATRIÈME LEÇON

Avez-vous bon caractère?

L'humeur et la personnalité

(Les yeux sans visages)
Cette jeune fille est triste et cette dame (sa mère?)
la console. Pourquoi est-elle triste? Et quelles
sont les consolations que lui offre sa mère?

QUATRIÈME LEÇON

Avez-vous bon caractère?

L'humeur et la personnalité

Voilà l'usage:

La plupart des gens sont **gentils**; quelques-uns, hélas, ne le sont pas: Ils sont **désagréables** et il y en a même qui sont **méchants**.

Quelqu'un de gentil a **bon caractère** et est toujours—ou presque— **de bonne humeur**. Il est **d'humeur égale**, patient, conciliant, **facile à vivre**.

Les gens qui sont désagréables ont **mauvais caractère. Ils ont des sautes d'humeur**; ils sont impatients, nerveux; **ils se fâchent pour un rien**; tout **leur porte sur les nerfs et ils se mettent en colère pour un oui ou pour un non**; ils sont insupportables.

Il y a aussi les gens qui sont susceptibles et qui **boudent** pendant des heures sans dire pourquoi.

Ces différences de caractère dépendent surtout de la maturité d'esprit. Certaines personnes ont **l'esprit mûr**, d'autres restent **infantiles, exigeants et égoïstes**.

Maintenant, la question:

Avec qui êtes-vous le plus gentil? Pourquoi? Y a-t-il des moments où vous êtes désagréable? Avez-vous des raisons de l'être? Expliquez.

Faites un bref portrait du (de la) camarade de chambre idéal(e). Êtes-vous probablement un(e) camarade de chambre idéal(e) vous-même? Pourquoi?

Sans transition, cette personne passe d'une humeur charmante à la colère. Comment décrirez-vous son caractère?

Vous êtes fatigué, vous avez des problèmes et tout va mal. Comment est-ce que cela affecte votre personnalité?

Connaissez-vous quelqu'un qui a l'habitude de bouder? Qu'est-ce qui cause cette attitude? Comment traitez-vous ça?

Expliquez la différence entre la maturité d'âge et la maturité d'esprit. À quoi reconnaît-on la maturité d'esprit? L'infantilisme?

Il y a aussi, dans la personnalité, un important élément qui vient de l'**éducation**[1]. On **se conduit** bien ou mal parce que, dans une certaine mesure, on **est bien élevé** ou **mal élevé**. Les gens qui ont de l'éducation sont bien élevés, **polis**, courtois, **prévenants**. Ils ont de bonnes manières. Ceux qui ont de mauvaises manières sont impolis, **grossiers** même. On est souvent **gêné** avec les gens grossiers.

Quelquefois, quand tout va mal, ou même sans raison évidente, on est **triste, déprimé**: On **a le cafard**. On ne veut voir personne, parler à personne. On est sûr que personne ne vous aime.

depressed

Chez les gens normaux et actifs, ces crises de cafard sont rares et il suffit d'un peu de volonté pour **se contrôler** et **se remettre sur pied**.

Malheureusement, chez les gens qui ont des troubles de la personnalité et des **maladies** mentales, les **crises de dépression nerveuse** ne sont pas dûes au cafard. Les gens qui ont de la difficulté à **faire face** aux réalités de la vie ou qui manquent d'une qualité nécessaire à l'**équilibre mental**, ou ceux qui simplement ont besoin de mieux **se connaître**, vont chez un **psychiatre**.

Pensez-vous que l'éducation ou l'hérédité joue le rôle le plus important dans le développement de la personnalité? Expliquez.

Pensez-vous que les bonnes manières sont très importantes? Pourquoi?

Avez-vous quelquefois le cafard? Quand? Pourquoi? Quels sont les symptômes d'une crise de cafard?

Quand avez-vous besoin de vous contrôler? Donnez des exemples précis.

Pourquoi les athlètes professionnels (joueurs de tennis, de baseball, etc.) ont-ils besoin de savoir se contrôler? Y en a-t-il qui manquent de contrôle?

Aimeriez-vous aller chez un psychiatre? Pourquoi?

---

[1] **L'éducation** (*the way you are raised*) est à distinguer de **l'instruction.** L'éducation, c'est l'ensemble des principes que vous recevez de vos parents ou de la société dans laquelle vous vivez. (L'instruction, c'est ce que vous apprenez généralement à l'école. *Education courses*, ce sont les cours de pédagogie.)

Celui-ci essaie de découvrir la source des problèmes et vous aider à découvrir leur cause: complexe de persécution, complexe d'infériorité, par exemple.

En quoi consiste, approximativement, le traitement d'un psychiatre?

Mais rassurez-vous: Même si vos amis vous disent quelquefois: «Tu es fou!» ou «Tu es folle!», vous êtes probablement tout à fait normal!

Que veulent vraiment dire vos amis quand ils disent: «Tu es fou» ou «Tu es folle»?

Voici quelques termes qu'on emploie pour caractériser la personnalité:

Quelqu'un qui oublie, qui perd ses affaires, est **distrait,** s'il a des préoccupations supérieures. Mais si vous faites la même chose sans raisons valables, on dira que vous êtes **étourdi.** ~~distrait~~ Scatterbrained

Expliquez la différence entre *distrait* et *étourdi*. Donnez des exemples.

Les gens qui veulent paraître supérieurs, et qui ne le sont pas, sont prétentieux, **vaniteux:** Ils **se vantent.** Si, par contre, ils ont de bonnes raisons de penser qu'ils sont supérieurs, ils sont **fiers.** La **fierté** est un sentiment légitime.

Que pensez-vous de cette phrase: «On ne se vante que de ce qu'on n'a pas»? Expliquez ce qu'elle veut dire.

Quand êtes-vous fier (fière)?

On peut être amusant ou **drôle.** C'est parce qu'on a de l'**esprit** (on est **spirituel**) ou parce qu'on a un sens de l'humour. La différence entre l'esprit et l'humour, c'est que l'humour n'est pas cruel. L'esprit l'est quelquefois.

Essayez de nommer un auteur célèbre pour son esprit et un autre célèbre pour son sens de l'humour.

Les gens drôles et spirituels vous font **sourire** et **rire** . . . même si c'est à vos propres **dépens.**

Riez-vous si quelqu'un se moque d'une autre personne? Si on se moque de vous, riez-vous ou vous fâchez-vous?

Pour avoir le droit de **se moquer** des autres, il faut être capable de se moquer de soi-même!

Aimez-vous les **plaisanteries?** les **jeux de mots?** les **tours** qu'on voue joue? Qu'est-ce qui vous fait rire?

Essayez de penser à une plaisanterie qui vous fait rire? À une qui ne vous fait pas rire du tout.

Sujets d'exposés

Choisissez un sujet et préparez un exposé de trois minutes environ.

1. *Une personnalité intéressante que vous connaissez.* Faites le portrait physique, mais surtout moral, de cette personne. Donnez des exemples concrets de son attitude et de sa conduite dans diverses circonstances.

2. *Est-il vrai que les contrastes s'attirent?* Justifiez votre opinion (Oui? non?) en l'illustrant par des exemples de gens que vous connaissez: votre meilleur(e) ami(e) et vous, votre mari ou votre femme et vous, des couples de vos amis, vos parents, etc.

3. *Faites le portrait d'un homme ou d'une femme célèbre qui souffrait de troubles de la personnalité.* Quels étaient ces troubles: des crises de folie? des visions? des hallucinations? une conduite bizarre? Quels étaient les rapports entre ces troubles et son génie?

4. *Un événement important de votre vie.* Qu'est-ce qui s'est passé? Quelle a été votre attitude? Votre réaction? Pourquoi? Pensez-vous que vous avez bien fait? Êtes-vous fier (fière) de votre réaction? Pourquoi?

5. *Avez-vous joué un tour à quelqu'un? Ou avez-vous été victime d'un tour plus ou moins drôle?* Racontez, et n'oubliez pas de mentionner les circonstances et la réaction de la victime.

Polémique ou discussion

Les étudiants se divisent en groupe *pour* et en groupe *contre*. Ils préparent leurs arguments et les présentent avec vigueur et conviction. Quel groupe gagne? C'est celui qui a convaincu le «juge» (le professeur? ou un étudiant?).

Sujet numéro 1: Les drogues qui affectent la personnalité et l'humeur.

(Par exemple, celles qui donnent de l'énergie aux déprimés, celles qui **détendent** *(relax)* et celles qui donnent une sensation de **bien-être.**)

a. Je suis pour. Leur usage n'est pas un crime parce que . . . Il ne faut pas en contrôler l'usage.

b. Je suis contre. Elles sont dangereuses parce que . . . Il faut un contrôle sévère.

Sujet numéro 2: La psychiatrie.

a. La psychiatrie n'est pas une science parce que . . . Le psychiatre forme des jugements faux. Le traitement psychiatrique n'a pas de valeur parce que . . .

b. La psychiatrie rend de grands services. Par exemple . . .

Sujet numéro 3: Le génie.

a. Baudelaire a dit: «Le génie, c'est l'enfance récapturée à volonté.» Il avait raison. Le génie est spontané, inné, naturel, parce que . . .

b. Flaubert a dit: «Le génie, c'est seulement la capacité de **prendre des peines infinies.**» *(to take infinite pains)*. Il avait raison. Le génie, c'est la capacité de travailler plus dur que les autres. Le génie est seulement le résultat de ces efforts, parce que . . .

DES GENS PARLENT

Une transformation complète

Nous sommes chez Annick Monnier. Il est huit heures du soir et elle est en train de se préparer à sortir avec Jean-Paul. Rien ne va: Annick est en retard, elle est de mauvaise humeur et elle ne trouve pas son peigne. Annick est en colère.

ANNICK: Et puis zut, zut, et triple zut! J'en ai assez. Je suis patiente, mais il y a des limites. C'est encore ma sœur qui a pris mon peigne. Oh, celle-là, alors! *(Elle appelle)* Gigi! Gigi! Viens là tout de suite. Plus vite que ça, ou je vais me fâcher.

GIGI: *(environ huit ans; elle n'est pas impressionnée par sa sœur)* Oh ça va, ça va. Ne te mets pas en colère comme ça. Qu'est-ce que tu veux?

ANNICK: C'est toi qui a pris mon peigne? Celui qui était sur ma petite table?

GIGI: Eh bien, tu vois, j'en avais besoin pour jouer au coiffeur avec Suzette. On l'a pris pour peigner le chien et puis . . .

ANNICK: *(interrompt)* Où est-il? Va le chercher tout de suite ou je vais me fâcher, je t'assure.

GIGI: *(pleurniche)* Hi, hi, tu es méchante, méchante, je le dirai à maman. On était dans le jardin, il est tombé, et la voiture de papa a passé dessus, il est cassé . . .

ANNICK: *(furieuse)* Oh, **vilaine** petite fille!

GIGI: *(pleurniche de plus en plus)* C'est toi qui es vilaine! Tu es toujours en colère contre moi. Tu dis toujours que je te porte sur les nerfs. Tu n'es jamais gentille avec moi. Je le dirai à maman. *(Elle **tire parti** de la situation.)* Maman! Maman! Annick dit que je suis vilaine.

MME MONNIER:*(Elle entend la scène et monte l'escalier.)* Quoi? Qu'est-ce que c'est? Pourquoi **pleures**-tu? Est-ce que vous vous disputez encore toutes les deux? Écoute, Annick, tu es **la plus grande**, il faut être la plus raisonnable. Et toi, Gigi, **laisse** ta sœur **tranquille.**

ANNICK: Raisonnable? Je voudrais bien t'y voir, à ma place! Cette sale petite me prend mes affaires, et je ne trouve rien quand j'en ai besoin. Je crois que je vais devenir folle dans cette maison. Je ne suis pourtant pas exigeante. Tout ce que je demande, c'est la paix! *(Elle crie.)* La paix! Vous êtes tous des égoïstes et je crois que je vais avoir une **crise de nerfs** . . .

Maintenant, nous changeons de scène, et nous sommes dans la chambre que Jean-Paul partage avec Robert, son camarade de chambre. Robert est très flegmatique, et il essaie d'étudier. Jean-Paul est dans la salle de bain, mais les choses ne vont pas bien. Il entre.

JEAN-PAUL: Ah et puis zut et zut!

ROBERT: Qu'est-ce qu'il y a encore qui ne va pas?

JEAN-PAUL: Je me rase - ou plutôt, j'essaie de me raser - mais ton rasoir électrique ne marche pas. Pourquoi ne l'as-tu pas fait réparer?

ROBERT: *(très calme)* Pas eu le temps. Et le tien, de rasoir? Pourquoi ne prends-tu pas le tien?

JEAN-PAUL: *(furieux)* Ah, ça, c'est bien toi! Je te pose une simple question - avec calme, remarque - parce que j'essaie de me contrôler et tu me réponds par une dissertation sur les rasoirs! Ah, il faut avoir bon caractère pour vivre avec toi! Tu es un vrai **casse-pieds,** mon pauvre Robert!

(Un petit silence. Robert est trop mûr d'esprit pour répondre.)

JEAN-PAUL: Dis donc, as-tu vu mes clés?

ROBERT: Non.

JEAN-PAUL: *(toujours furieux)* Ah, et maintenant, monsieur boude! Tu es désagréable, mon pauvre Robert! Je te fais une petite remarque sur ton caractère, sur tes **défauts,** pour te **rendre service,** alors tu boudes. Et mes clés, où sont-elles? Ah et puis zut! Passe-moi les tiennes et je vais prendre ta voiture . . .

Et maintenant, nous changeons encore de scène. Nous sommes à une soirée chez des amis de Jean-Paul et d'Annick. Beaucoup de monde, de la musique. Jean-Paul et Annick sont assis sur un divan dans un coin.

ANNICK: Jean-Paul, tu n'es pas comme les autres hommes. Tu es mûr, toujours raisonnable. Tu as si bon caractère. Tu es patient, conciliant . . .

JEAN-PAUL: Oui, bien sûr, mais il n'y a pas de mérite à être gentil avec toi. Tu es parfaite! Toujours d'humeur égale, pas égoïste, tu penses toujours aux autres. Ah, comme ça doit être agréable de vivre avec toi!

Questions sur *Une transformation complète*

1. Pourquoi Annick est-elle en colère? Quel est le mot qui indique l'irritation?

2. Pourquoi Gigi a-t-elle pris le peigne de sa sœur?

3. Pourquoi ne peut-elle pas le lui rendre?

4. Quelle est l'attitude de Mme Monnier dans cette scène? Qu'est-ce qu'elle essaie de faire? A-t-elle tort ou raison?

5. Annick a pitié d'elle-même. À votre avis, qui dans cette scène mérite votre sympathie? Pourquoi?

6. Pourquoi Jean-Paul est-il furieux? A-t-il raison? Pourquoi?

7. Quelle est votre opinion du caractère de Jean-Paul? de Robert?

8. Si vous étiez à la place de Robert, seriez-vous aussi patient? Qu'est-ce que vous feriez? Qu'est-ce que vous diriez?

9. Quelle opinion Annick a-t-elle du caractère de Jean-Paul? A-t-elle raison? Quelle est la vérité?

10. Et Jean-Paul? Quelle opinion a-t-il du caractère d'Annick? Êtes-vous d'accord avec lui? Pourquoi?

11. Imaginez que Jean-Paul et Annick se marient, ou vivent ensemble. Surprise! Imaginez la suite. Vont-ils se fâcher ou **bien s'entendre**?

12. Pourquoi les gens se conduisent-ils de façon différente dans des circonstances différentes? Faites-vous la même chose, ou connaissez-vous des gens qui font la même chose?

Remarques et répliques

Répondez en restant dans l'esprit du texte.

1. ANNICK: Viens ici, Gigi, ou je vais me fâcher.
   GIGI: *(pas impressionnée)* . . . . . .

2. ANNICK: *(sévère)* Où est mon peigne?
   GIGI: . . . . . .

3. ANNICK: *(furieuse)* Eh bien, va le chercher!
   GIGI: *(pleurniche)* . . . . . .

4. ANNICK: Gigi, tu es une vilaine petite fille . . . . . .
   MME MONNIER: . . . . . .

5. JEAN-PAUL: Ah et puis zut et zut!
   ROBERT: *(flegmatique)* . . . . . .

6. JEAN-PAUL: Pourquoi n'as-tu pas fait réparer ton rasoir?
   ROBERT: . . . . . .

7. ROBERT: Non, je n'ai pas vu tes clés.
   JEAN-PAUL: *(exaspéré)* . . . . . .

8. ANNICK: Oh, Jean-Paul, tu es si mûr, si raisonnable . . . . . .
   JEAN-PAUL: . . . . . .

Conversations suggérées

1. *L'optimiste et le pessimiste.* Vous êtes optimiste et un de vos amis est pessimiste. Montrez vos caractères respectifs dans une situation bien précise (Vous parlez du temps? de la situation politique? de vos amis? de vos finances? etc.)

2. *L'idéaliste et le réaliste.* Vous êtes idéaliste et un de vos amis est réaliste. Vous racontez à cet ami une petite aventure (un voyage? un achat? une rencontre?) avec beaucoup d'enthousiasme. C'est parfait, c'est merveilleux. Mais l'autre personne vous corrige constamment avec une vue plus réaliste des choses.

3. *Une consultation pseudo-psychologique.* Vous donnez une petite consultation à un ami qui vous expose ses problèmes d'humeur et de caractère. (Par exemple, personne ne l'aime, mais il ne sait pas pourquoi.) Vous lui conseillez plus de patience, peut-être, plus de contrôle, plus de volonté . . . ou, au contraire, quels conseils lui donnez-vous?

   (Un peu d'humour n'est pas défendu, au contraire!)

ALLÔ! RÉPONDEZ AU TÉLÉPHONE!

Jean-Paul a le cafard

Il y a des jours de cafard où tout semble aller mal. Rien n'est différent en fait, mais votre perception de la réalité est pessimiste. C'est le moment de téléphoner à un copain, ou à une amie, qui va vous remonter le moral.

JEAN-PAUL: Allô, ici Jean-Paul. C'est toi, Annick?

ANNICK: . . . . . .

JEAN-PAUL: C'est parce que j'ai le cafard. Ça change ma voix!

ANNICK: . . . . . .

JEAN-PAUL: Tu es gentille. Tu es ma seule amie. Tous les autres me détestent. Les filles disent que je suis moche.

ANNICK: . . . . . .

JEAN-PAUL: Et puis, ça ne va pas du tout dans mes cours. Les profs n'ont pas encore rendu les examens, mais je suis sûr que je vais avoir des très mauvaises notes.

ANNICK: . . . . . .

JEAN-PAUL: Oui, les autres fois, j'avais des bonnes notes, mais cette fois, je t'assure, c'est différent.

ANNICK: . . . . . .?

JEAN-PAUL: Parce que je suis dans une mauvaise période. Tout va mal. J'ai trouvé une note du directeur, à mon travail. Il veut me parler lundi. C'est sûrement des mauvaises nouvelles.

ANNICK: . . . . . .

JEAN-PAUL: Oh non, ce n'est sûrement pas pour me dire qu'il est satisfait de moi. D'ailleurs, je déteste mon travail.

ANNICK: . . . . . .

JEAN-PAUL: C'était la semaine dernière. Cette semaine, ça ne va pas et je le déteste.

ANNICK: . . . . . .!

JEAN-PAUL: Moi? Egoïste? Tu dis que je suis égoïste? Pourquoi dis-tu ça?

ANNICK: . . . . . .

JEAN-PAUL: Tu crois vraiment que si je pensais un peu aux autres et pas toujours à moi, je n'aurais pas le cafard? Tiens, je n'ai jamais pensé à ça. C'est peut-être une bonne idée. Je vais essayer. Comment vont les choses pour toi?

ANNICK: . . . . . .

PARLEZ AVEC LES JEUNES

Quelques termes du français familier

stupide	bête
fou (folle)	cinglé(e)
pas très intelligent(e)	débile
gentil(le), sympathique	chouette
avoir de la chance	avoir de la veine, avoir du pot
ne pas avoir de chance	manquer de pot
ennuyeux (ennuyeuse)[2]	embêtant(e)
Je m'ennuie ici.	Je m'embête ici.

Remplacez les termes indiqué par un terme du français familier (de cette leçon ou d'une leçon précédente).

1. Ta mère est *très gentille!* Elle invite toujours tes copains à dîner.
2. Moi, *je n'ai pas de chance.* Je ne gagne jamais à la loterie.
3. Ma voiture est en panne. *C'est ennuyeux,* je suis obligé de prendre l'autobus.
4. Tu es *fou,* ou bien tu n'es *pas très intelligent.* En tout cas, je ne suis pas d'accord avec toi.
5. Tu parles *très* bien français! Moi, je ne fais pas de progrès. Je ne suis probablement *pas très intelligent.*
6. Ces filles sont *folles.* Elles conduisent *très* vite, elles vont avoir un accident.
7. J'ai rencontré un type *très sympathique.* Alors, *je ne m'ennuie* plus ici.
8. Tu as toujours *de la chance.* Moi, *je ne suis pas stupide,* je ne suis pas *fou,* mais je *n'ai pas de chance.*

---

[2] ennuyeux: *boring or bothersome*

Ces images vous parlent. Répondez-leur . . .

1. (French postcards)
Qui sont ces trois personnages, et quels sont leurs rapports? Lequel a besoin d'être patient, conciliant, et d'avoir bon caractère? Pourquoi? Que pense chacun des personnages?

2. (Vingt-cinq ans de bonheur, avec Jean Tissier)
Voilà une dame qui n'hésite pas, quand elle n'est pas contente! A-t-elle mauvais caractère? Pourquoi est-elle armée de ce sécateur, et que dit-elle à ces messieurs? Quelle est leur réponse?

3. (Loulou)
Un groupe de gens sympathiques et qui s'entendent bien. Pourquoi tout le monde a-t-il l'air content? Qu'est-ce qu'ils disent?

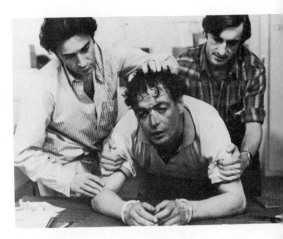

4. *(Les cousins, un film de Chabrol)*
*C'est la fin d'une party. Ces gens
ont bu du champagne, du cognac,
et ils ont sommeil. Tout le monde
s'entend bien sauf . . . . Qui n'a
pas l'air satisfait de la situation?
Pourquoi? Qu'est-ce qu'il dit à la
jeune fille blonde? Qu'est-ce
qu'elle répond?*

5. *(La balance)*
*Ce pauvre garçon a été cruelle-
ment battu. Pourquoi? Est-ce sa
faute, une conséquence de son
mauvais caractère? Y voyez-vous
une autre cause? Que lui disent les
deux autres et que répond-il?*

6. *(Jules et Jim, avec Jeanne Moreau)*
*Cette femme est furieuse. Pourquoi? Que lui a fait cet homme? Qu'est-ce
qu'elle dit? Qu'est-ce qu'il répond? Lequel des deux a raison?*

CINQUIÈME LEÇON

On mange bien en France!

La cuisine et les repas

(Monsieur, avec Jean Gabin et Philippe Noiret)
Pensez-vous que ce monsieur acceptera un vin
médiocre? Pourquoi? Quelles questions pose-t-il
au sommelier? Que lui répond ce dernier?

On mange bien en France!

La cuisine et les repas

Les aliments

Voilà l'usage:	**Maintenant, la question:**

Il y a trois **repas** principaux: le **petit déjeuner**, le **déjeuner** et le **dîner**.
On prend un repas.
On déjeune.
On dîne.
On prend son petit déjeuner. Ou, si le contexte est assez clair, on dit simplement: «Je déjeune». Par exemple: «Je n'ai pas toujours le temps de déjeuner le matin avant de sortir.»

Prenez-vous toujours trois repas? Pourquoi? Dans quelles circonstances en prenez-vous moins? Plus? Qui prépare votre petit déjeuner? Pourquoi? Où déjeunez-vous à midi, généralement?

On mange[1] quelque chose. On mange beaucoup, on mange peu. Si la cuisine est bonne, on mange bien. Si elle est mauvaise, évidemment, on mange mal.

Connaissez-vous des restaurants où on mange mal? Le restaurant de votre université a-t-il une bonne ou une mauvaise réputation? Pourquoi?

---

[1] *manger:* On ne dit pas: «Je mange mon dîner». On dit: «Je dîne». *Manger* s'emploie surtout avec le nom de ce que vous mangez: «Je mange des légumes et je ne mange pas de pain» ou «Les végétariens ne mangent pas de viande». Il faut aussi éviter l'emploi du verbe *avoir*, comme en anglais: *I have eggs for breakfast.* Dans ce cas-là, précisément, vous direz: «Je mange des œufs à mon petit déjeuner».

On **fait la cuisine.** On fait la cuisine soi-même ou bien quelqu'un d'autre la fait. Une personne qui fait bien la cuisine est une bonne **cuisinière** ou un bon **cuisinier**[2]. Si cette personne fait vraiment très bien la cuisine, c'est **un cordon bleu.**

Faites-vous la cuisine? Savez-vous faire la cuisine? Aimez-vous la faire? Aimeriez-vous être cordon bleu ou avoir un cordon bleu dans votre famille? Pourquoi?

On achète **les provisions** au supermarché. Dans un supermarché, il y a plusieurs **rayons:**

Allez-vous régulièrement acheter les provisions? Faites-vous une liste, ou suivez-vous votre inspiration?

La viande ou la boucherie: Il y a la viande de bœuf (rôti, filet de bœuf, bifteck), de mouton (**gigot, côtelettes**), de porc (rôti, côtelettes) et viandes préparées, comme le **jambon,** le **saucisson** et les **saucisses.**

Sans regarder le livre, nommez cinq sortes de viande de boucherie.

bifteck, rôti, jambon Saucissons, filet de boeuf.

Il y a aussi **la volaille:** le **poulet,** la **dinde,** le **canard.** Un jeune canard est un **caneton.**

duck

À quelle occasion mange-t-on une dinde? *à Noëlle,*

Dans la même section, on trouve le **poisson** (sole, saumon, turbot), les **crustacés** (homard, crevettes et crabes) et les **coquillages,** comme les **huîtres.**

shrimp

Aimez-vous le poisson? En mangez-vous souvent? Sans regarder le livre, nommez des poissons, des crustacés et des coquillages.

L'épicerie, ce sont les produits comme le **sucre,** le café, les **pâtes,** le chocolat, les **légumes secs** (**haricots,** lentilles), le sel, les **épices,** etc.

Avez-vous toujours des provisions d'épicerie? Que faites-vous si, à huit heures du soir vous n'avez plus de sel pour le dîner?

Les fruits et les **légumes** sont dans une section spéciale: **pommes de**

Aimez-vous les légumes? Pourquoi? Comment les préférez-vous?

---

[2] *une cuisinière, un cuisinier:* Le terme *chef* employé en anglais est l'abréviation du terme français *un chef de cuisine,* qui est à la tête de la cuisine d'un restaurant. C'est un terme professionnel. Si vous désirez dire qu'un(e) de vos ami(es) est *an excellent chef,* dites: «C'est un cordon bleu».

terre, oignons, salades vertes, to-
mates, radis, céleri, asperges, ar-
tichauts, **aubergines**, carottes, **poi-
reaux**, etc.

Parmi les fruits, il y a les **pommes**,
les **poires**, les pêches, les abricots,
les **raisins**, les **pamplemousses**, les
ananas.

Mangez-vous souvent des fruits?
Que pensez-vous de la coutume
française de terminer le repas par
un fruit?

On peut aussi acheter des légumes
surgelés qui sont pratiques et pas
chers.

Quels sont les avantages des légumes surgelés?

Les **produits laitiers** sont réfri-
gérés: le lait, la crème, le beurre et
les fromages. Les **œufs** sont souvent placés avec les produits laitiers.

Buvez-vous du lait? Pourquoi?

Pouvez-vous nommer des fromages français?

Prononcez: *un œuf* et *des œufs*.

L'élément essentiel de tout repas,
en France, c'est le **pain**. On l'achète à la **boulangerie**. Il est délicieux,
frais, en forme de «baguette», de
«flûte», de «petit pain». Les **croissants** et les **brioches** du petit déjeuner français viennent aussi de la
boulangerie.

Pensez-vous que le pain est essentiel à l'alimentation? En mangez-
vous? Pourquoi?

Sans regarder le livre, nommez les
différents pains de la boulangerie.

À la **pâtisserie**, on trouve les **petits
gâteaux**: éclairs, choux à la crème,
mille-feuilles, etc. Les **parfums**
sont le chocolat, le moka, le pra-
liné, la vanille. Il y a aussi les tar-
telettes aux **fraises**, aux **framboises**, etc.

Choisissez un petit gâteau pour
vous récompenser d'être si attentif.
Moi, je prendrai un éclair au
moka. Et vous?

Il y a beaucoup de supermarchés
en France et même des «hyper-
marchés» immenses. Mais on peut
aussi aller chez le boucher acheter
la viande, chez le charcutier pour
les viandes de porc préparées, chez
l'épicier (ou **à l'alimentation**) pour

Il est sûrement plus rapide d'aller
au supermarché. Mais la rapidité
est-elle la seule considération?
Quel système choisirez-vous personnellement?

l'épicerie, chez le marchand de primeurs pour les fruits et les légumes. Il faut même aller à la crèmerie pour les produits laitiers.

Pour les chefs de grands restaurants et pour beaucoup de gourmets (qui sont très nombreux en France!), aller dans les petites boutiques, ou **au marché en plein air,** c'est le moyen de s'assurer des produits de qualité et de fraîcheur impeccables. Pour beaucoup de gens, c'est aussi une **distraction,** une occasion de rencontrer des gens et de faire des découvertes intéressantes.

Imaginez le cas d'une personne âgée qui vit seule. Quel est probablement le meilleur moyen de faire ses provisions? Pourquoi?

La composition des repas

Le petit déjeuner français est **léger:** du café **nature** ou du café au lait (composé de **moitié** café très **fort** et moitié lait **chaud**). Avec le café, des «toasts», ou pain **grillé,** avec du beurre et de la **confiture,** ou bien des croissants.

Seriez-vous satisfait d'un petit déjeuner français? Pourquoi?

Le breakfast américain est plus substantiel: du jus de fruit, des céréales avec de la crème, des œufs au jambon ou au bacon.

Que prenez-vous d'habitude pour votre petit déjeuner? Pourquoi?

Le déjeuner de midi est encore, pour beaucoup de familles françaises, le repas principal de la journée. Souvent, les enfants rentrent déjeuner à la maison et les parents qui travaillent rentrent préparer et servir un repas chaud. Pourtant, les enfants déjeunent de plus en plus à l'école et on emploie de plus en plus le système de la **journée continue.** La société française est en évolution.

Regrettez-vous, pour la culture française, la disparition des deux heures de liberté pour le déjeuner? Quels sont les avantages et les inconvénients de la journée continue?

Le menu du déjeuner varie du plus simple au plus somptueux. Voilà un menu que vous serviriez à votre famille et à vos amis, un dimanche, par exemple:

Hors-d'œuvre: Salade de tomate, salade de concombres, **thon,** saucisson, radis roses
Entrée: Filets de sole **meunière**
Plat de résistance: Rôti de bœuf aux haricots verts
Salade: Laitue vinaigrette
Fromages: Plateau de fromages
Dessert: Fruits de saison, glace au moka
Café, Liqueurs

Examinez les termes *hors-d'œuvre, entrée.* Sont-ils employés au même sens en français et en anglais?

Quand sert-on la salade en France? Et quand sert-on le fromage? Est-ce la même chose aux États-Unis?

Le dîner, en France, est servi tard, vers huit heures du soir ou même plus tard. C'est en général un repas léger: une soupe, ou potage, un légume, du fromage, quelquefois les **restes** de midi, rarement de la viande.

Qu'est-ce qu'on boit?

Eh bien, du vin, à tous les âges, ou de l'**eau rougie** pour les enfants. Il n'y a pas de **loi** qui prescrit l'âge légal de boire de l'**alcool.**

Avez-vous l'âge de boire du vin aux États-Unis? Êtes-vous d'accord avec les lois qui limitent le droit de boire de l'alcool? (Donnez le *pour* aussi bien que le *contre* de ces lois.)

On boit des **boissons gazeuses** et du jus de fruit. On boit rarement du lait avec les repas. On boit beaucoup d'**eaux minérales** et il est rare de ne pas voir une **bouteille** d'eau minérale sur la table du repas: eau de Vichy, eau d'Évian, eau Perrier, etc.

Aimez-vous les eaux minérales? Pensez-vous qu'elles sont bonnes pour la santé?

Avant le repas, on prend souvent un **apéritif** qui est peut-être un Dubonnet, un vermouth ou un **Kir** (un verre de vin blanc, bien frais, avec un peu de **crème de cassis**) ou un **Kir Royal** (la même chose, mais remplacez le vin par du champagne.)

Personnellement, que préférez-vous boire avec vos repas? Pourquoi? Si c'est un repas spécial, prendrez-vous un apéritif? Pourquoi?

Comment sert-on les aliments?

Certains **aliments** se mangent **crus** et d'autres se mangent **cuits**
On **fait cuire** les aliments:
On fait **bouillir** (dans l'eau),
On fait **frire** (dans une quantité d'huile très chaude),
On fait **rôtir** (dans le four),
On fait **sauter** (dans du beurre),
On fait **griller** (sans **matières grasses**, à haute température), on fait **mijoter** (dans une sauce).
On sert un aliment bouilli, frit, rôti, sauté, grillé, mijoté. On le sert **nature** ou **assaisonné**, avec ou sans sauce.

Qu'est-ce que vous mangez cru?
Qu'est-ce que vous mangez cuit?
Comment faites-vous cuire une côtelette?
des pommes de terre? un filet de sole?
des spaghetti?
un poulet?
une dinde?
un bifteck?
un **coq au vin**?

Parmi les assaisonnements, il y a les herbes aromatiques: le persil, le thym, l'**estragon**, le **romarin**, etc. Il y a aussi les épices: la **cannelle**, la **muscade**, les **clous de girofle**, etc.

Avec quoi assaisonnez-vous une salade? une viande? du poisson? des légumes?

noisette → nut (f)

Sujets d'exposés

Choisissez un sujet et préparez un exposé de trois minutes environ.

1. *Vos repas.* Où les prenez-vous? Avec qui? Qui les prépare? Comment sont-ils? Pourquoi?

2. *Racontez un repas mémorable* que vous avez fait. Pourquoi était-il mémorable?

3. *Donnez une recette* simple et pas trop longue.

4. Pensez-vous que tout le monde doit apprendre à faire la cuisine? Pourquoi? Sinon, quelles sont les alternatives?

5. Le dîner que vous allez préparer ce soir.

Polémique ou discussion

Les étudiants se divisent en groupe *pour* et en groupe *contre*. Ils préparent leurs arguments et les présentent avec vigueur et conviction. Quel groupe gagne? C'est celui qui a convaincu le «juge» (le professeur ou un étudiant).

Sujet numéro 1: Manger pour vivre ou vivre pour manger?

a. Il faut manger pour vivre. On mange toujours trop. La cuisine n'a pas d'importance. Il ne faut pas perdre de temps, il faut manger n'importe quoi, sans y penser. . .
b. Pas du tout! On ne peut pas exagérer l'importance de la nourriture comme élément de la qualité de la vie. La bonne cuisine est un signe de civilisation, parce que. . .

Sujet numéro 2: Les dangers de l'alcool ou les avantages de l'alcool.

a. L'alcool est mauvais et dangereux, parce que. . .
b. L'alcool est excellent, agréable à boire et sans danger, parce que. . .

Sujet numéro 3: Un déjeuner français ou un lunch américain.

a. Moi, je préfère un déjeuner français (en quoi consiste-t-il? combien de temps prend-il? comment le mange-t-on? etc.) parce que. . .
b. Moi, je préfère un lunch américain (en quoi consiste-t-il? combien de temps prend-il? comment le mange-t-on?) parce que. . .

DES GENS PARLENT

Un déjeuner mémorable

Jacqueline Lamiaud est fiancée. Les parents de son fiancé sont invités à venir déjeuner dimanche prochain. Monsieur et Madame Lamiaud, Jacqueline et son frère Pierre, quatorze ans, sont dans leur salle de séjour. M. Lamiaud lit le journal. Pierre étudie plus ou moins.

MME LAMIAUD: Je suis vraiment enchantée de faire la connaissance des parents de Maurice. Mais. . . mon Dieu! Qu'est-ce que je vais leur servir? Je n'ai pas d'idées.

JACQUELINE: Écoute, Maman, il faut que ce soit très bien. Les Duval ont une très belle maison, et on mange bien chez eux.

MME LAMIAUD: Alors, voyons, nous allons faire au mieux. Mais qu'est-ce qu'on va leur servir?

PIERRE: Moi, j'ai une idée. Jacqueline peut leur préparer un de ces plats de haricots brûlés dont elle a le secret. L'autre soir, quand Papa et toi étiez sortis, elle a ouvert une boîte de haricots, les a mis sur le feu, et puis elle est allée parler au téléphone avec Maurice. C'est la fumée qui m'a fait venir. J'étais prêt à appeler les pompiers!

JACQUELINE: *(fâchée)* Oh celui-là et son grain de sel! Qui te demande quelque chose, d'abord?

MME LAMIAUD: *(qui n'écoute pas)* Peut-être que nous pourrions les emmener au restaurant? Non, ce n'est pas une bonne idée. Ils penseraient que nous ne voulons pas les recevoir chez nous. Voyons, Jacqueline, as-tu une idée?

JACQUELINE: Si tu faisais un gigot bien tendre, juste à point, comme tu en as le secret?

MME LAMIAUD: Un gigot? Oui. . . *(hésitante)* Tu crois que c'est assez bien? C'est un peu commun. Un filet de bœuf, peut-être? Qu'en penses-tu, Ernest?

M. LAMIAUD: *(qui n'écoute pas et sans lever les yeux de son journal).* Non, pas de bœuf maintenant, nous venons de finir de dîner. Une autre tasse de café, oui.

MME LAMIAUD: On ne peut pas compter sur lui pour ces questions. Il n'aime la cuisine que quand elle est prête à manger. Alors, disons un filet de bœuf. Je ferai des petites pommes rissolées, bien croustillantes. . .

PIERRE: *(qui a toujours faim)* Fais-en une quantité énorme, tu n'en fais jamais assez.

JACQUELINE: Mon frère est un goinfre. Si on s'occupe de lui, on n'en finira pas. *(À sa mère)* Tu pourrais faire des petits pois, aussi. Achetons-les frais, je les écosserai et tu les feras à la française, tu sais, avec des feuilles de laitue, des petites carottes nouvelles et des petits oignons blancs.

M. LAMIAUD: Et mon café, ça vient?

MME LAMIAUD: Pierre, ta sœur et moi, nous sommes occupées. Va donc à la cuisine chercher une tasse de café pour ton père. Tu peux en profiter pour manger quelque chose aussi, si tu as faim. *(Petit silence. Elle réfléchit.)* Alors, voyons, nous disions. . . Pour commencer, des hors-d'œuvre? Non, ce n'est pas très original. Des escargots? Non, c'est lourd et puis on en sert dans tous les restaurants. Je sais: C'est la saison des asperges. On va leur faire des asperges sauce mousseline. Et on les servira sur le grand plat d'argent qui vient de grand-mère.

JACQUELINE: Sensationnel! Maman, tu es un ange. Tu vois comme c'est simple. Il ne reste plus que la salade et le dessert. Je m'en charge. Je vais faire une belle salade bien fraîche, romaine, endive et laitue. Et comme dessert, cette crème renversée que je réussis si bien. Taistoi, Pierre. Des petits sablés au beurre, peut-être, avec la crème?

PIERRE: Tiens, ça, c'est une idée. Ça m'étonne de toi. Mais alors, si tu fais des sablés, fais-en assez. La dernière fois. . .

M. LAMIAUD: *(boit son café, plie son journal)* Sabler? Sabler? J'ai fait sabler les allées du jardin l'année dernière. Vous n'allez pas me dire qu'elles en ont encore besoin![3]

MME LAMIAUD: Mais non, voyons, Ernest! Il est question depuis une heure du repas que nous allons servir aux parents de Maurice qui viennent déjeuner dimanche.

M. LAMIAUD: Toujours des secrets, toujours des complots! On ne me dit jamais rien! Alors, qu'est-ce qu'on leur sert?

MME LAMIAUD: Nous pensions à des asperges sauce mousseline, un filet de bœuf aux pommes. . .

M. LAMIAUD: Pas trop cuit, surtout!

MME LAMIAUD: Des petis pois à la française, une salade, un plateau de fromages et une crème renversée.

M. LAMIAUD: Bon. Alors, j'irai voir à la cave ce qu'on peut faire. Je crois qu'il reste quelques bouteilles de chablis blanc. Bien frais, ça ira avec les asperges. Il faut quelque chose de solide avec le bœuf. Je verrai ce que nous avons dans les bordeaux rouges. Et avec le fromage, je vous ouvrirai un de ces bourgognes, vous m'en direz des nouvelles! Avec le dessert, eh bien, il me semble que c'est le jour ou jamais de servir du champagne! Et j'ai justement ce magnum de champagne. J'attendais une occasion. Ça devrait suffire pour sept. . .

---

[3] *des sablés: a sort of butter cookie, comparable to shortbread. C'est un jeu de mots sur sabler et sablés. M. Lamiaud entend le mot sablés et il comprend sabler (to spread with sand and gravel).*

[handwritten: trop cuit → overdone; cuit → baked]

PIERRE: Vive la mariée!

LE RESTE DE LA FAMILLE: Tais-toi, Pierre. Celui-là, alors!

Questions sur *Un déjeuner mémorable*

1. Qui va venir déjeuner chez les Lamiaud? Qui participe à la conversation?

2. Va-t-on servir des escargots? Pourquoi?

3. Qu'est-ce qu'on va servir comme entrée? Et comme plat principal?

4. Quel sera le menu complet?

5. Quelle idée Pierre a-t-il sur le plat qu'on pourrait servir aux Duval? Est-ce une bonne idée? Que diriez-vous à Pierre s'il était votre frère ou votre fils?

6. Quelle est la contribution de M. Lamiaud à ce dîner?

7. Quelle est la part de Jacqueline dans la préparation de ce repas?

8. Quelles seraient les différences entre ce repas et un repas correspondant aux États-Unis? (Chaque étudiant nomme une différence.)

Remarques et répliques

Répondez dans l'esprit du texte.

1. MME LAMIAUD: Je suis enchantée que les parents de Maurice viennent déjeuner! Mais. *[handwritten: Qu'est-ce que je leur sert?]*
   JACQUELINE: . *[handwritten: Quelque chose qui coûte bien]*

2. MME LAMIAUD: Je ferai de mon mieux. Mais je n'ai pas d'idées!
   JACQUELINE: . . . . . .

3. MME LAMIAUD: Si nous allions au restaurant?
   JACQUELINE: . *[handwritten: Non... ce n'est pas poli. Ils penseront que nous ne voulons pas faire la cuisine]*

4. JACQUELINE: Si tu faisais un gigot? *[handwritten: leg of mutton]*
   MME LAMIAUD: *(hésitante)* . *[handwritten: Mais, beaucoup de gens ne mangent pas du mouton.]*

5. MME LAMIAUD: Je pourrais faire un filet de bœuf. Qu'en penses-tu, Ernest?
   M. LAMIAUD: . *[handwritten: Pas trop cuit!]*

6. MME LAMIAUD: Je vais faire des pommes de terre rissolées, bien dorées et croustillantes.

   PIERRE: . . *Je voudrais des pommes frites!*

7. JACQUELINE: Je vais faire une crème renversée et des sablés au beurre pour le dessert.

   PIERRE: . . *Mmm! J'aime beaucoup les sablés au beurre!*

8. M. LAMIAUD: Mais enfin, de quoi parlez-vous? Toujours des secrets, toujours des complots. Ah! les parents de Maurice viennent déjeuner. Bon. Qu'est-ce qu'on va leur servir?

   JACQUELINE: . . *Qu'est-ce que vous pensez? Avez-vous écouté?*

Conversations suggérées

1. *Dînons-nous à la maison ou au restaurant ce soir?* Discutez des avantages et des inconvénients des deux possibilités.

2. *Que faire de deux heures de liberté?* Allons-nous passer deux heures à faire un excellent déjeuner ou allons-nous passer ces deux heures à visiter un musée?

3. *Donnez des conseils pour un repas.* Un(e) ami(e) vous téléphone pour vous demander des conseils. Il/Elle va servir un repas spécial (à qui? pour quelle occasion?). Avez-vous des suggestions? Discutez du menu de ce repas.

ALLÔ! RÉPONDEZ AU TÉLÉPHONE!

Nous sommes au régime

Avez-vous jamais été au régime pour maigrir? Avez-vous la volonté nécessaire pour résister aux délicieuses tentations? Oui? Mais espérons que vous n'êtes pas un fanatique du régime comme les gens que vous allez rencontrer.

ALICE: Robert? J'ai une grande nouvelle! J'ai perdu trois cent dix grammes depuis mardi dernier. Et toi, comment va ton régime?

ROBERT: . . . . . .

ALICE: Ah, c'est bien aussi. As-tu vu ce nouveau régime, à la télé?

ROBERT: . . . . . .

ALICE: Eh bien, on ne mange absolument rien, pendant deux mois, rien d'autre que de l'ananas et de la **pastèque.** Qu'en penses-tu?

ROBERT: . . . . . .

ALICE: Ah? Où as-tu trouvé ce régime-là?

ROBERT: . . . . . .

ALICE: Du riz cuit à l'eau, et pas autre chose. . . Avec du sel?

ROBERT: . . . . . .

ALICE: Sans sel, ce n'est pas rigolo.

ROBERT: . . . . . .

ALICE: Tiens, je n'avais pas pensé à ça. Quelle bonne idée! Je vais essayer. J'ai une amie qui me dit que si on ne mange pas autre chose que de la salade verte, sans sauce, on maigrit très vite, et on n'a pas faim. Penses-tu que c'est vrai?

ROBERT: . . . . . .

ALICE: Écoute, Robert, tu es un véritable ami, je vais te dire la vérité: Je meurs de faim, j'ai très mal à la tête, je suis fatiguée de tous ces régimes. Et toi?

ROBERT: . . . . . .

ALICE: As-tu une idée pour quelque chose de plus intéressant?

ROBERT: . . . . . .

ALICE: Quelle idée formidable! Je serai prête quand tu arriveras. Oh, comme nous allons bien dîner! Moi, je prendrai un bifteck, des pommes de terre, du pain et du beurre, du fromage, une bouteille de vin. Et comme dessert? . . .

ROBERT: . . . . . .!

PARLEZ AVEC LES JEUNES

Quelques termes du français familier

le fric	l'argent
le restaurant d'étudiants	le resto-U
manger	bouffer, becqueter
la nourriture, la cuisine	la bouffe
le vin	le pinard
un excellent repas	un gueuleton
manger bien et beaucoup	s'en mettre plein la lampe

A. *Remplacez les termes indiqués par un des termes du français familier (de cette leçon ou d'une leçon précédente).*

1. On *mange très* bien dans ce restaurant et il n'est pas cher.
2. Quand je suis arrivé à Paris, mes *amis* m'ont invité. Nous avons fait un *excellent repas* ensemble. C'était *sympathique*.
3. La *cuisine* du *restaurant d'étudiants* n'est pas bonne.
4. Tu veux un verre de *vin*? Oui, mais pas plus. Je ne veux pas être *soûl*.
5. Tu as faim et moi aussi. Viens, on va *faire un bon repas* dans un petit restaurant *très sympathique* du quartier.
6. Ce *type* est fou! Il *boit excessivement* et il conduit quand il est *ivre*. C'est *très* dangereux.

B. *Répondez en employant un terme du français familier de cette leçon ou d'une leçon précédente.*

1. Où allons-nous déjeuner? Je n'ai pas beaucoup de fric.
2. Comment est la bouffe dans les restaurants français?
3. Tu veux de l'eau ou du pinard?
4. Comment était ce banquet où tu es allé? On m'a dit que c'était vachement chouette.

Une petite recette de cuisine facile

Fruits à la neige

Pour quatre personnes

Cuisson: 25 à 40 minutes   Préparation: 25 minutes
Ingrédients

6 blancs d'œufs
3 cuillerées à soupe de sucre
3 cuillerées à soupe de confiture d'abricots ou de framboises
1 cuillerée d'amandes effilées

- Battez les blancs en neige ferme.
- Mélangez, dans une terrine, alternativement, une cuillerée de sucre, une de confiture et une de meringue (les blancs d'œufs battus en neige), en battant *très légèrement*.
- Placez votre composition dans un plat allant au four.
- Donnez une forme à votre composition (une pyramide, par exemple).
- Parsemez d'amandes effilées.
- Faites cuire à four *très doux* (250 à 275 degrés F) pendant 25 à 40 minutes, jusqu'à ce que la surface de votre dessert soit dorée.

Servez chaud

Ces images vous parlent. Répondez-leur . . .

1. *(Le tatoué,* avec Jean Gabin et Louis de Funès)
Voilà deux messieurs qui ont l'intention de bien déjeuner. Mais les manières de table du personnage de droite sont . . . douteuses. Que lui dit le monsieur à moustache? Et que répondra l'autre dès qu'il sera en mesure de parler?

2. *(La grande cuisine,* avec Bourvil)
On attend le verdict de ce gourmet avec inquiétude. Qu'est-ce qu'il va dire quand il aura goûté au plat qu'on lui a servi? Que va répondre le cuisinier? Et la serveuse?

3. *(La boum)*
Qui sont ces gens? Quelle est l'occasion de ce dîner en tête-à-tête? Que dit ce monsieur? Que répond la jeune femme? Est-ce que quelque chose vous semble un peu étrange dans cette photo?

81

4. *(La boum)*
McDonald en France! Pensez-vous que ce sont les jeunes, ou les gens plus âgés qui font le succès de McDonald? Pourquoi? Si vous allez en France, mangerez-vous quelquefois chez McDonald? Pourquoi?

5. *(Le mouton à cinq pattes,* avec Fernandel et Françoise Arnoul)
Quelle étrange façon de manger! Mordre, à pleines dents, dans un gigot cru! Pourquoi, à votre avis, ces gens mangent-ils comme ça? Avez-vous des conseils à leur donner?

6. *(La traversée de Paris,* avec Jean Gabin)
L'expression du monsieur de gauche indique quoi? Qu'est-ce qu'il mange? Est-ce bon? Qu'est-ce que c'est (imaginez!) que dit ce monsieur, et que lui répond l'autre?

SIXIÈME LEÇON

Les événements courants, c'est l'actualité

Comment on se tient au courant • Les média

(À bout de souffle, avec Jean-Paul Belmondo et Jean Seberg)
Pourquoi ce type porte-t-il tant d'intérêt à la lecture de ces
nouvelles? Qu'est-ce qu'il lit? Imaginez l'article qui retient
son attention.

SIXIÈME LEÇON

Les événements courants, c'est l'actualité

Comment on se tient au courant · Les média[1]

Il faut **se tenir au courant** de l'**actualité**[2] et pour cela il y a plusieurs **moyens:** Ce sont les **média.**

Pourquoi faut-il se tenir au courant de l'actualité? Aimez-vous être au courant? Pourquoi?

On **regarde** la télévision. Un commentateur passe en revue, avec des films pris **sur place,** les **événements** de la journée.

Passez-vous beaucoup d'heures devant la télévision? Qu'est-ce que vous regardez surtout?

Les **chaînes** de télévision ont des **émissions** de **nouvelles** à certaines heures. Il y a des chaînes de télévision à **péage** qui donnent les nouvelles vingt-quatre heures par jour.

Avez-vous — ou connaissez-vous quelqu'un qui a — la télévision à péage? Qu'est-ce qu'on peut y voir (qu'on n'a pas aux autres chaînes)?

On **écoute** la radio. Beaucoup de gens l'écoutent dans leur voiture. La radio donne aussi les nouvelles régulièrement.

Quand écoutez-vous la radio? Pourquoi? Laissez-vous la radio de votre voiture sur la même station? Pourquoi?

On lit le **journal.** On achète souvent un journal **à cause** des **manchettes** qui vous donnent l'impres-

Lisez-vous un journal? Lequel? Le lisez-vous régulièrement? Pourquoi?

---

[1] *Les média:* Ce terme n'est pas encore dans le dictionnaire, mais il est d'usage courant en France. (*Note:* Il est à recommander, pour cette leçon, d'apporter en classe plusieurs exemplaires d'un journal, français de préférence.)

[2] *L'actualité* c'est *current events. Actuel (current)* et *actuellement (actually)* sont de faux-amis. Ne les employez pas dans leur sens anglais.

sion qu'**il est arrivé** un événement important. Ces manchettes sont souvent **hors de proportion** avec leur importance!

Quelles sont les manchettes dans le journal que vous avez sous les yeux? Sont-elles hors de proportion avec l'événement qui est arrivé? Expliquez.

En première page, on trouve les nouvelles de la politique internationale et nationale.

Pourquoi les manchettes sont-elles souvent hors de proportion avec l'événement?

S'il y a une **guerre** (et c'est souvent le cas!), un pays attaque l'autre et **envahit** son territoire. Les batailles et les **bombardements** se succèdent. Ou bien, c'est une guerre civile. Les **combattants** sont armés d'**armes** automatiques. Ils font des **patrouilles** et des raids. Il y a des prisonniers, des **morts** et des **blessés.** La télévision apporte chez vous des images poignantes des **champs de bataille.**

Y a-t-il une guerre (ou plusieurs, hélas) en ce moment? Entre quels pays?
Y a-t-il une guerre civile quelque part?
Quelles nouvelles en donnent les journaux? la télévision?

Pensez-vous qu'il faut permettre à la télévision de montrer toutes les images de la guerre, même les plus horribles? Justifiez votre opinion. Est-ce que tout le monde est d'accord?

Parmi les nouvelles nationales, celles de la politique sont aussi en première page: vote du Sénat et du Congrès (en France, de l'Assemblée nationale) qui approuvent ou rejettent un **projet de loi, campagne électorale** d'un candidat qui **se présente** au Congrès ou à la Présidence.

Est-ce que la télévision joue un rôle important dans les campagnes électorales? Expliquez.

Y a-t-il une loi que vous aimeriez proposer? Une que vous aimeriez supprimer?

Les électeurs regardent les émissions, écoutent les **discours** et votent **pour** ou **contre.** Le candidat est **élu** ou il est **battu.**

Est-ce que l'apparence physique d'un candidat est importante ou bien seulement ce qu'il dit? Faites le portrait du candidat ideal.

On trouve aussi en première page le **compte-rendu** de crimes sensationnels: **assassinat** ou **tentative** d'assassinat, **meurtre, enlèvement** de personnalités.

Quelles est la différence entre un meurtre et un assassinat? Quels sont les assassinats les plus célèbres? Les tentatives d'assassinat?

On raconte l'**arrestation** de l'**inculpé** et on raconte le **procès.**

En deuxième page, on trouve souvent les **éditoriaux,** qui donnent l'**avis** des **rédacteurs.**

Est-ce que les éditoriaux sont objectifs ou subjectifs? Pourquoi?

Plus loin, voilà la **rubrique** régionale et locale. On y trouve surtout les **faits-divers:** accidents de la **circulation, cambriolages** de résidences, **vols** divers, etc.

Cherchez d'autres faits de la chronique locale. Racontez un fait-divers du journal.

Plus loin, la rubrique des sports: les noms des **équipes,** des **joueurs,** quels matchs ils ont **joués,** qui a **gagné** et qui a **perdu.** Il y a aussi le résultat des **courses:** courses à pied, courses d'auto, courses de **chevaux.** Si on aime le **jeu,** on **parie** sur les chevaux.[3] Alors, on **gagne** et plus souvent on **perd.**

Lisez-vous (ou regardez-vous), ou écoutez-vous régulièrement les nouvelles sportives? Pourquoi?

Quels sont les sports qui vous intéressent? Quelles sont les nouvelles sportives aujourd'hui?

Si quelqu'un lit le résultat des courses de chevaux, est-ce nécessairement parce que cette personne s'intéresse aux chevaux?

Si on a des **actions,** on s'intéresse naturellement à la **Bourse.** Les journaux et les autres média publient tous les jours les **cours en bourse.**

Vous intéressez-vous aux cours de la Bourse? Pourquoi?

Sous la rubrique des spectacles, on trouve: les programmes de télévision, le théâtre, le cinéma, les concerts, etc. Le journal vous indique quand et où a lieu un **représentation.**

Je voudrais voir un bon film ce soir. Lequel? Où **se joue-t-il?** À quelle heure commence la représentation? Quels autres spectacles y a-t-il à voir?

Sous la **rubrique mondaine,** on parle de banquets, de bals de charité. Vous y trouvez des **faire-part de mariage** et des **faire-part de décès.**

Quelles informations les faire-part de mariage donnent-ils sur le fiancé et la fiancée?

---

[3] Il est possible de placer son pari dans un café, par exemple. C'est le P.M.U. *(off-track betting)* abbreviation de Pari Mutuel Urbain.

Enfin, voilà les **petites annonces classées,** utiles si vous cherchez un appartement, du travail, ou une voiture d'**occasion.**

Certains journaux ont même des annonces personnelles: des annonces matrimoniales (des hommes et des femmes qui cherchent un époux ou une épouse) ou même des rapports beaucoup moins honorables.

On lit aussi des revues ou magazines **hebdomadaires,** c'est-à-dire qui **paraissent** une fois par semaine.

Si vous avez un **abonnement,** vous en recevez un **numéro** régulièrement dans votre **courrier.** Il y a toutes sortes de revues: littéraires, scientifiques, spécialisées, comme des revues pour les collectionneurs de **timbres** ou les gourmets.

On lit attentivement un article qui vous intéresse. Sinon, on **feuillette,** on tourne les pages, on regarde les **images,** on **jette un coup d'œil** aux manchettes et aux titres.

Comment apprend-on encore **ce qui se passe?** Eh bien, si vous êtes **sur place,** vous voyez un événement arriver, vous êtes **témoin.** Mais le plus souvent, quelqu'un vous raconte ce qui est arrivé, **vous entendez parler de quelque chose.** Vous **entendez dire** que quelque chose d'intéressant est arrivé. C'est donc aussi par la conversation que vous vous tenez au courant de l'actualité.

Avez-vous parfois cherché quelque chose dans les petites annonces? Avez-vous trouvé? Racontez.

Sans regarder le livre, expliquez la différence entre un faire-part de mariage et une annonce matrimoniale. Que pensez-vous de ces annonces? Les lisez-vous? Pourquoi?

Quelles revues hebdomadaires lisez-vous? De quoi y est-il question?

Quel est l'avantage d'un abonnement?

Connaissez-vous quelqu'un qui lit une revue spécialisée? Quelle sorte de revue? Pourquoi cette personne la lit-elle?

Nommez différentes choses que vous lisez attentivement. Pourquoi? Qu'est-ce que vous y apprenez?

Avez-vous été témoin d'un événement terrifiant, amusant ou important? Racontez.

Sujets d'exposés

Choisissez un sujet et préparez un exposé de trois minutes environ.

1. *Le journal de votre école.* Quelles sont ses qualités? ses défauts? Qu'est-ce qu'il contient? ne contient pas? Le lisez-vous? Pourquoi?

2. Parlez d'un événement qui intéresse l'opinion publique en ce moment.

3. Racontez un crime sensationnel—actuel, récent, classique—selon votre préférence. (Exemple: Un jeune étudiant à Moscou ne va plus à l'université. Il passe son temps dans sa chambre, il a des fréquentations douteuses et enfin, il tue **à coups de hache** une vieille **usurière**. La police ne le soupçonne pas, mais il. . . Vous avez deviné. Il s'agit, naturellement, de *Crime et châtiment,* de Dostoïevski.)

4. Cherchez la rubrique des spectacles dans un journal. Dites-nous ce que nous pourrions voir cette semaine: films, pièces de théâtre, autre chose. Donnez-nous une petite idée du sujet de ces spectacles.

5. Rédigez une ou deux petites annonces que vous placeriez dans un journal si vous étiez en France et si vous cherchiez:
   a. un appartement à louer
   b. du travail
   c. quelque chose à acheter. Autre chose.
   d. Vous êtes très seul. Rédigez l'annonce par laquelle vous cherchez: un ami ou une amie, un époux ou une épouse.

Polémique ou discussion

Les étudiants se divisent en groupe *pour* et en groupe *contre.* Ils préparent leurs arguments et les présentent avec vigueur et conviction. Quel groupe gagne? C'est celui qui a convaincu le «juge» (le professeur? un étudiant?)

Sujet numéro 1: Les journaux et la vérité.

a. Les journaux ne nous disent pas toute la vérité. Les nouvelles sont transformées ou bien on nous cache quelque chose. Le public est toujours dupe. (Donnez des exemples.)
b. Pas du tout. Le reportage est impartial. Les journaux nous disent toute la vérité. Notre presse est complètement libre. (Donnez des exemples.)

Sujet numéro 2: Le gouvernement a-t-il toujours raison?

Prenez un exemple concret et récent d'une action bien connue du gouvernement.
a. Notre gouvernement a eu raison, parce que. . .
b. Notre gouvernement a eu tort, parce que. . .

Sujet numéro 3: La télévision.

a. La télévision est mauvaise. Elle donne aux enfants une attitude passive, elle empêche de développer le goût de la lecture, etc.

b. La télévision est bonne. Elle ouvre le monde, elle informe, les enfants d'aujourd'hui sont au courant de beaucoup de choses qu'ils ne sauraient pas autrement, et puis. . . .

DES GENS PARLENT

Il ne se passe rien!

M. et Mme Heyraud sont chez eux, après le dîner. Mme Heyraud regarde la télévision. Son mari lit le journal.

MME HEYRAUD: *(Elle tourne le bouton et change de chaîne.)* Il n'y a pas grand-chose d'intéressant ce soir à la télé.

M. HEYRAUD: Tu as regardé sur les trois chaînes[4]?

MME HEYRAUD: Bien sûr. Il y a un **télé-feuilleton.** C'est une histoire d'amour et de drame familial très compliquée qui dure depuis des mois. Mais je ne le regarde pas souvent, alors je ne comprends pas. Sur la deuxième chaîne, il y a des jeux télévisés et sur la troisième, un vieux film américain que j'ai déjà vu. Quelque chose d'intéressant, dans le journal?

M. HEYRAUD: Pas grand-chose. Ah, si, tiens, dans les sports, il y a le résultat des matchs nationaux de rugby.

MME HEYRAUD: Et qui a gagné?

M. HEYRAUD: L'équipe du Sud-Ouest, bien sûr! Elle gagne toujours. Tiens, on devrait éliminer le Sud-Ouest. Leur équipe est toujours plus forte, alors ce n'est pas amusant, il n'y a pas de compétition.

(Petit silence)

M. HEYRAUD: Ah, ça, c'est trop fort! Ah, ces Socialistes! Regarde. Ils avaient promis de diminuer les impôts, tu te souviens, pendant la campagne électorale? Eh bien, il les augmentent!

MME HEYRAUD: Mais c'est un peu ta faute: Tu as voté pour eux. Pas moi. Ils faisaient trop de promesses, je ne pensais pas qu'ils pouvaient les tenir.

---

[4]   En France, la télévision fonctionne sous les auspices du gouvernement. Il y a trois chaînes. Il y a de la publicité (la pub), mais moins qu'à la télévision américaine. Il y aura bientôt des chaînes à péage.

M. HEYRAUD: Eh bien, tu vois, tu as eu raison. Ah, d'ailleurs, les poli-
ticiens, un parti ou l'autre, c'est tous des bandits.

(Petit silence)

M. HEYRAUD: Tiens! On a arrêté un espion en Russie.

MME HEYRAUD: Qu'est-ce qu'il faisait?

M. HEYRAUD: Eh bien, je suppose qu'il espionnait. Ou il n'espionnait pas,
si ça se trouve. Tu sais, c'est peut-être purement politique. On ne
peut pas savoir. . . Encore une révolution en Amérique centrale.
On a renversé le gouvernement de. . .

MME HEYRAUD: *(que ça n'intérese pas beaucoup)* Ah oui? C'est sans doute
plus facile de renverser le gouvernement, là-bas. . .

M. HEYRAUD: La guerre civile continue au Moyen-Orient. . . Les rebelles
ont bombardé des quartiers résidentiels et les forces du gouvernement en ont fait autant. Dans d'autres quartiers.

MME HEYRAUD: Il y a des morts?

M. HEYRAUD: Oui, plus de vingt. Et des blessés graves.

MME HEYRAUD: C'est affreux. . . Rien que des mauvaises nouvelles.

M. HEYRAUD: Ah, tiens, voilà une bonne nouvelle. Enfin, si tu veux, la
bonne partie d'une mauvaise: On a arrêté ce banquier. Tu sais, celui
qui avait disparu avec cent millions. On l'a arrêté aux sports d'hiver,
avec sa petite amie. Il y a leur photo. Pas mal, la fille. . . Si on
aime ce genre de blonde.

MME HEYRAUD: Fais voir, fais voir. Oh, elle a un manteau formidable.
C'est du **vison,** je crois. Tu penses que la police va le confisquer?

M. HEYRAUD: Le manteau n'intéresse pas la police. C'est les cent millions
qu'ils cherchent. . . ou ce qui en reste. Mais le monsieur refuse de
parler. Moi, à sa place, je sais bien ce que je ferais.

MME HEYRAUD: Ah oui? Qu'est-ce que tu ferais?

M. HEYRAUD: Je m'évaderais. Je mettrais l'argent dans une banque suisse
et puis, je m'en irais au Brésil. Pas d'extradition!

MME HEYRAUD: Tu es brillant! Mais voilà, tu n'as pas les cent millions. . . *(Petit silence)* C'est sûrement aussi bien comme ça.

M. HEYRAUD: Tiens, je vois un article sur la télévision en Amérique. Il y
a des quantités de chaînes, là-bas, tu sais, et il y a aussi la télévision
à péage. Tu paies tant par mois et tu as des chaînes spécialisées:
des films toute la journée, ou des nouvelles, ou des programmes
professionnels, pour les médecins, par exemple. Qu'est-ce que tu
en penses?

MME HEYRAUD: C'est sans publicité?

M. HEYRAUD: Il y en a un peu, je crois, mais très peu.

MME HEYRAUD: J'aimerais bien. Nous prendrions une chaîne qui donne des films, et un soir comme ce soir, nous aurions autre chose que le vieux film de la télé.

M. HEYRAUD: Moi, je ne sais pas. Je crois que j'aimerais autant aller au cinéma. Ça fait une sortie. On ne peut pas toujours rester chez soi!

MME HEYRAUD: Tiens, justement, si nous allions au cinéma ce soir? Il n'est pas tard, nous avons le temps.

M. HEYRAUD: Pourquoi pas? Mais qu'est-ce que tu veux voir?

MME HEYRAUD: Je ne sais pas. . . . Regarde dans le journal. Qu'est-ce qui passe sur les Champs-Élysées?

M. HEYRAUD: Il y a une nouvelle comédie et puis il y a deux films américains **en version originale,** avec **sous-titres.** Moi, je déteste les sous-titres.

MME HEYRAUD: Alors, allons dans une salle de quartier. Qu'est-ce qu'on donne, pas loin de chez nous?

M. HEYRAUD: Il y a un film anglais de l'an dernier que nous n'avons pas vu. Il est **doublé.** J'aime mieux ça que les sous-titres.

MME HEYRAUD: Allons le voir. Heureusement qu'il y a le cinéma! J'espère qu'il y a beaucoup d'aventures, ça nous changera de la réalité, qui est si monotone. Il ne se passe rien!

Questions sur *Il ne se passe rien*

1. Combien de chaînes y a-t-il, en France? Qu'est-ce qu'elles donnent, ce soir?

2. Qui a gagné les matchs de rugby? Pourquoi?

3. Qu'est-ce que les Socialistes ont fait? Est-ce quelque chose d'extraordinaire? Pourquoi?

4. Quand il y a une guerre, quelles sont, hélas, les conséquences?

5. Qui a-t-on arrêté? Qu'est-ce qu'il avait fait?

6. M. Heyraud a une bonne idée! Qu'est-ce qu'il ferait s'il avait les cent millions? Est-ce que Mme Heyraud regrette qu'il ne les ait pas?

7. Qu'est-ce que c'est que la télévision à péage? Quels sont ses avantages?

8. Expliquez les termes: *version originale, doublé* et *sous-titres.*

9. Aimez-vous personnellement aller au cinéma, ou préférez-vous voir le même film chez vous? Pourquoi?

10. Mme Heyraud a-t-elle raison: D'après les nouvelles du journal, est-il vrai qu'il ne se passe rien dans la réalité?

Remarques et répliques

Répondez dans l'esprit du texte et avec imagination.

1. M. HEYRAUD: Moi, j'ai voté pour les Socialistes. Et toi?
   MME HEYRAUD: . . . . . .

2. MME HEYRAUD: Qui a gagné les matchs nationaux de rugby?
   M. HEYRAUD: . . . . . .

3. MME HEYRAUD: Pourquoi y a-t-il une guerre dans le Moyen-Orient?
   VOUS: C'est très compliqué, mais je crois que. . .

4. M. HEYRAUD: Ah, si j'avais les cent millions, j'irais au Brésil. Est-ce que tu viendrais avec moi?
   VOUS: . . . . . .

5. M. HEYRAUD: C'est vrai que vous avez beaucoup de pub (publicité) à la télé aux USA?
   VOUS: . . . . . .

6. MME HEYRAUD: Vous avez la télé à péage aux USA. Qu'est-ce que vous en pensez? Il est question de l'installer en France, mais je voudrais avoir votre opinion.
   VOUS: . . . . . .

7. MME HEYRAUD: Quand vous êtes aux USA, préférez-vous les films français en version originale avec des sous-titres, ou bien doublés?
   VOUS: . . . . . .

8. M. ET MME HEYRAUD: Vous êtes notre invité(e) ce soir. Qu'est-ce que vous voulez faire?
   VOUS: . . . . . .

Conversations suggérées

1. *Vous arrivez d'un long voyage.* Vous n'êtes absolument pas au courant des nouvelles. Vous demandez à quelqu'un de vous mettre au courant. Quels sont les événements: politiques? militaires? crimes sensationnels? nouvelles locales? familiales? etc.

2. *Qu'est-ce que nous allons faire ce soir?* Vous avez rendez-vous avec votre petit(e) ami(e). Comment allez-vous passer la soirée: rester à la maison? sortir? aller où? Discutez les différentes possibilités et arrivez à une conclusion.

3. *Vous avez répondu à une petite annonce classée matrimoniale:* «**Monsieur jeune, beau, grand, riche, cherche dame mince, belle et grande, en vue mariage**». Vous avez parlé au téléphone, et accepté de rencontrer ce monsieur dans un café. Comment le reconnaissez-vous? Comment vous reconnaît-il? Y a-t-il des surprises? Quelle est votre conversation et sa conclusion?

ALLÔ! RÉPONDEZ AU TÉLÉPHONE!

Un cambrioleur dans Le quartier

Des rumeurs circulent dans le quartier, d'habitude tranquille, de la petite ville où habitent Mme Limousin et Mme Verdier. Il paraît qu'un audacieux cambrioleur pénètre dans les maisons en l'absence de leurs occupants et vole les objets de valeur. Personne n'est sûr de l'avoir vu, mais tout le monde a une théorie sur son identité.

MME LIMOUSIN: Allô, Mathilde? Avez-vous vu le journal, ce matin?

MME VERDIER: . . . . . .

MME LIMOUSIN: Encore un cambriolage, hier, à deux rues de chez vous.

MME VERDIER: . . . . . .?

MME LIMOUSIN: Six cuillères en argent, une montre, et le gâteau qui refroidissait sur la fenêtre. Il a aussi emporté deux bouteilles de vin. Quelle horreur! Et penser que ce dangereux individu se promène, en plein jour, dans nos rues.

MME VERDIER: . . . . . .

MME LIMOUSIN: Un grand type, avec un chapeau de cowboy? Non, c'est le mari d'Evelyne Delmas. Il est américain, il s'appelle Jim. Bizarre, oui, mais ce n'est pas le cambrioleur.

MME VERDIER: . . . . . .

MME LIMOUSIN: Ah, s'il était à motocyclette, un garçon avec des cheveux blonds frisés, alors c'est le neveu des Rampaud. Il est de Paris, et il est en vacances ici. Ce n'est pas le cambrioleur.

MME VERDIER: . . . . . .?

MME LIMOUSIN: Je ne sais pas comment il est. Sinistre, probablement, avec une cape, un masque, peut-être, et des gants noirs.

MME VERDIER: . . . . . .

MME LIMOUSIN: Tout petit, avec un gros chien blanc? Oh, je sais qui c'est. C'est le petit Toto. Il joue dans la rue avec une cape et un masque de ski. Mais il a huit ans, ce n'est pas le cambrioleur.

MME VERDIER: . . . . . .

MME LIMOUSIN: Oh, oui, il faut fermer vos portes à clé, et vos fenêtres aussi. Et ne laissez entrer personne chez vous.

MME VERDIER: . . . . . .

MME LIMOUSIN: Non, ne passez pas votre temps cachée sous votre table. C'est un cambrioleur, mais ce n'est pas un assassin!

MME VERDIER: . . . . . .

PARLEZ AVEC LES JEUNES

Quelques termes du français familier

la police	les flics
la prison; en prison	la tôle; en tôle
mettre en prison	mettre en tôle
tuer (une victime, un criminel): la police a tué un suspect	descendre: les flics ont descendu un suspect
s'ennuyer	s'embêter
voler	faucher
le cinéma	le ciné
la télévision	la télé
Il pleut.	Il flotte.

> A. Remplacez les termes indiqué par un terme du français familier (de cette leçon ou d'une leçon précédente).

1. La police *a tué* un assassin dans la rue.
2. Si tu fumes de *la marijuana, la police* te *mettra en prison.*
3. Tu préfères aller au *cinéma* ou regarder la *télévision?* Il y a un *très* bon film ce soir.
4. Sortir ce soir? Tu es *fou. Il pleut* et il fait froid. Restons à la maison et *mangeons* un bon dîner.
5. *Je m'ennuie.* Il ne se passe rien. J'ai envie de *m'amuser.* As-tu des idées?
6. Quelqu'un m'a *volé* ma moto. Ce n'est pas *gentil.* Ça *m'ennuie* d'appeler *la police,* mais je suis obligé de le faire.

    B. *Répondez à la question avec un terme du français familier, de cette leçon ou d'une leçon précédente.*

1. Quel temps fait-il?
2. Qu'est-ce que les flics ont fait quand ils ont arrêté le suspect?
3. Qu'est-ce que tu veux faire ce soir?
4. Pourquoi as-tu l'air triste? Tu n'as rien à faire?

Ces images vous parlent. Répondez-leur . . .

1. *(Les amoureux sont seuls au monde,* avec Louis Jouvet)
Pourquoi ce monsieur achète-t-il le journal? A-t-il une raison personnelle? Pourquoi la jeune femme le regarde-t-elle de cette façon? Imaginez ce qu'elle pense.

2. (*La grosse caisse*, avec Bourvil et Paul Meurisse)
Trois employés du Métro. Pourquoi celui du milieu porte-t-il «Les Nouvelles littéraires»? (Est-ce surprenant?) Celui de gauche lève les mains, accusé par celui de droite. Quelle est leur conversation?

3. (*Belles de nuit*, avec Gérard Philippe)
La Presse annonce un évenement musical et montre le portrait du jeune musicien. Celui-ci le regarde avec orgueil. Imaginez que vous êtes de l'autre côté de l'image. Qu'est-ce que vous lui dites? Qu'est-ce qu'il vous répond?

4. (*Un autre homme, une autre chance*, avec Francis Huster)
Est-ce un photographe contemporain, ou d'une autre époque? Qu'est-ce qu'il photographie? Qu'est-ce qu'il dit aux sujets de sa photographie?

5. (*À bout de souffle,* avec Jean-Paul Belmondo et Jean Seberg)
Le Herald Tribune *est le journal américain à Paris, et Jean Seberg le vend sur les Champs Élysées. Comment a-t-elle fait connaissance avec Belmondo? Où vont-ils? Quelle est leur conversation?*

6. (*L'ennemi public numéro un,* avec Fernandel)
Avez-vous l'impression que «Joe Calvet» est très dangereux? Qu'est-ce qu'il a fait pour changer son apparence? Qu'est-ce que vous lui direz si vous le rencontrez dans la rue?

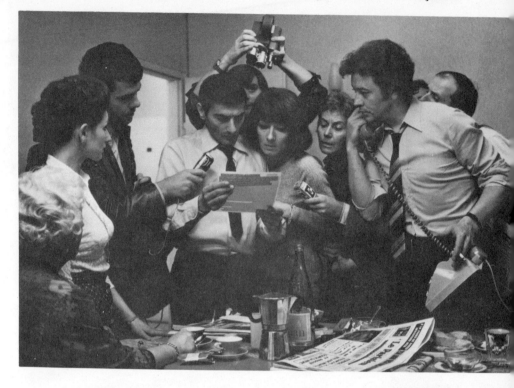

7. (*Le voyou*, avec Jean-Claude Trintignant) *Décrivez cette scène. Qui voyez-vous? Que font-ils? Que dit probablement le télégramme qu'ils sont en train de lire?*

8. *Vivre pour vivre*, un film de Claude Lelouch, avec Yves Montand, Annie Girardot et Candice Bergen) *Un reportage, probablement de guerre. Que dit le reporter dans son micro? (Il donne son nom. C'est . . . ? Il dit où il est, etc.)*

SEPTIÈME LEÇON

Comment vivez-vous?

La maison, l'appartement, la maison d'étudiants

(Porte des Lilas)
Essayez d'imaginer pourquoi ces trois types habitent ensemble.
Quel est le rôle du chat dans cette scène? Et que pense le chat?

SEPTIÈME LEÇON

Comment vivez-vous?

La maison, l'appartement, la maison d'étudiants

Voilà l'usage:

On **habite** (vit/demeure/réside) dans une maison ou dans un appartement.

Si la maison **est à vous**, vous êtes **propriétaire.**

Un **célibataire** (ou une célibataire) ou un **jeune ménage,** habite souvent dans un appartement, situé dans un **immeuble.**

L'appartement n'est pas à vous. Vous êtes **locataire,** vous **louez** l'appartement et vous payez un **loyer** tous les mois à votre **propriétaire.**

Si vous avez un appartement coopératif, vous êtes propriétaire. Vous faites probablement des **paiements mensuels** et vous payez aussi les charges.

Un appartement qui se compose essentiellement d'une **pièce,** avec petite cuisine et **salle de bains,** est un studio.

Maintenant, la question:

Où habitez-vous?

Quel est l'avantage d'être propriétaire d'une maison? l'inconvénient?

Qu'est-ce qu'un(e) célibataire? Expliquez en français. Qui est célibataire ici? Pourquoi?

Expliquez en français: *un locataire.*

Avez-vous un(e) propriétaire? Est-il (elle) gentil(le)? Pourquoi?

Aimez-vous l'idée d'un appartement coopératif? Pourquoi?

Beaucoup d'étudiants habitent dans des **maisons d'étudiants**[1] (ou résidence universitaire) où ils ont une chambre qu'ils **partagent** souvent avec un(e) **camarade de chambre.**

Quelle est la différence entre un dortoir et une maison d'étudiants? Préférez-vous être seul(e) ou avoir un(e) camarade de chambre? Pourquoi?

Quand on a décidé de changer de maison, on cherche un autre **logement,** on en visite plusieurs, on regarde les petites annonces ou on va dans une **agence immobilière.** Enfin, on **déménage.** Ensuite, on **s'installe** dans sa nouvelle habitation.

Donnez plusieurs raisons pour lesquelles on désire déménager.

Les **pièces** d'une maison sont: l'entrée, la **cuisine,** la **salle de séjour,** la salle à manger, le **bureau,** les **chambres** (à coucher) et la (les) salle(s) de bains.

Quelles sont les pièces de l'immeuble où nous sommes maintenant? Y a-t-il des chambres? Pourquoi?

Une pièce agréable est claire et spacieuse. Il faut aussi avoir **assez de place** pour **ranger ses affaires.** Mais on remarque que les gens **ordonnés** ont généralement assez de place pour tenir leurs affaires en ordre. Ceux qui sont **désordonnés** n'ont jamais assez de place et leurs affaires sont **en désordre.**

Quels sont les défauts d'une pièce qui n'est pas confortable?

Avez-vous assez de place dans votre chambre? Pourquoi? Pensez-vous que l'ordre est important? Pourquoi?

Dans la cuisine, il y a des **appareils ménagers: cuisinière** à gaz ou électrique, réfrigérateur, **machine à laver la vaisselle.** Dans l'**évier,** les **robinets** sont marqués, respectivement. C (chaud) et F (froid).

Si vous aviez le choix, préféreriez-vous une superbe cuisine ou une superbe salle de séjour? Pourquoi?

Une cuisine pratique a beaucoup de **placards** pour les **casseroles,** les provisions et beaucoup d'**étagères**

Êtes-vous satisfait(e) de votre cuisine actuelle? Quelles sont ses qualités et quels sont ses défauts?

---

[1] *maison d'étudiants* c'est *residence hall.* Le terme américain habituel est *dormitory.* Mais il ne faut pas dire «un dortoir». Un dortoir, ce n'est pas autre chose qu'une grande salle avec des rangées de lits.

pour la **vaisselle**. Il faut aussi des **tiroirs** pour l'**argenterie** et les ustensiles divers.

On fait la cuisine, on **fait la vaisselle**, on **range** après les repas. Il faut aussi **faire le ménage** dans toute la maison, **passer l'aspirateur, laver le linge** et **faire les courses**. Ce sont des **corvées, ennuyeuses** mais nécessaires.

Dans la salle de bains, il y a un **lavabo** avec un miroir. Il y a aussi une **baignoire** et une **douche**. En Amérique, il y a aussi la toilette. (En France, cet objet est généralement placé dans une petite pièce séparée.) C'est dans la salle de bains qu'on **fait sa toilette**, qu'on **prend un bain** ou **une douche**.

Dans la salle de séjour, il y a des **fauteuils**, un **canapé** ou divan, une **table à thé**, des **étagères à livres**, des **tableaux** sur les murs, des **bibelots**, des objets d'art. C'est la pièce où **on reçoit**.

Dans votre **bureau**, il y a un **bureau**[2] et probablement des quantités d'étagères à livres. La **machine à écrire** est bien utile.

La salle à manger est souvent, dans les maisons modernes, une alcôve de la salle de séjour. Et souvent, la cuisine communique avec la salle de séjour par un bar qui rend le service plus facile.

Aimez-vous une cuisine assez simplifiée ou très complexe et spacieuse?

Sans regarder le livre, énumérez cinq corvées à faire dans la maison.

Qu'est-ce que vous aimez le moins et le mieux faire dans la maison?

Y a-t-il assez de salles de bains chez vous? Pourquoi? Préférez-vous un bain ou une douche?
Passez-vous beaucoup de temps dans votre salle de bain?

Aimez-vous le décor de votre salle de séjour? Quel est l'objet que vous aimez le plus? le moins? Pourquoi? Aimez-vous un décor nu ou des bibelots? Pourquoi?

Employez-vous une machine à écrire? Pourquoi?

Pourquoi voit-on moins de salles à manger dans les maisons modernes? Regrettez-vous les grandes salles à manger de nos grands-mères? Pourquoi?

---

[2]   *Un bureau* (*desk*), c'est en effet : 1) un *meuble* et 2) la pièce où il se trouve (*office, study, den*). Ce qu'on appelle *a bureau* en anglais est *une commode*.

On prend le petit déjeuner à ce bar. Mais le soir, pour le dîner, on **met le couvert:** On met une **nappe** sur la table avec des **serviettes assorties** et peut-être des **bougies** pour créer une **ambiance** agréable. Après le repas, on **débarrasse** (la table).

Où et comment généralement?

Quelles sont les qu'on peut faire po ambiance? L'ambiance portante? Pourquoi?

Dans votre chambre, l'objet essentiel, c'est le **lit.** Si votre lit est confortable, vous y **dormez** bien. Vous avez probablement une **table de nuit** près de votre lit, avec une **radio-réveil** et une **lampe de chevet.** On a besoin d'une **commode** avec des tiroirs et des **placards** suffisants pour les vêtements. *Table de chevet   ou un livre de chevet*

Votre chambre. En êtes-vous satisfait(e)? Pourquoi?

Avez-vous assez de place pour vos affaires?

On rend les pièces où on vit plus agréables et confortables en mettant des **tapis** ou une **moquette** par terre. Il y a des **rideaux,** des **coussins** ou autres objets de couleurs vives.

Comment rendez-vous votre maison plus confortable?

Aimez-vous les coussins? les moquettes? Ou préférez-vous un décor très sobre ou rustique? Expliquez.

Sujets d'exposés

Choisissez un sujet et préparez un exposé de trois minutes environ.

1. *Comment avez-vous trouvé l'appartement ou la maison où vous habitez?* Pourquoi l'avez-vous choisi(e)?

2. *La maison de vos parents.* Habitez-vous avec vos parents? Comment est la maison? Comment est votre chambre?

3. *Vous allez décorer et **meubler** votre appartement personnel.* Il se compose essentiellement d'une grande pièce. Établissez la couleur de vos murs, choisissez quelques meubles et quelques bibelots. Faites une description concrète et colorée.

4. *Personnellement, préférez-vous une maison ou un appartement?* Pourquoi? Comparez les avantages et les inconvénients respectifs des deux et justifiez vos préférences.

5. *Rêvons un peu:* Comment voyez-vous votre appartement idéal?

Polémiques ou discussion

Les étudiants se divisent en groupe *pour*, et en groupe *contre*. Ils préparent leurs arguments et les présentent avec vigueur et conviction. Quel groupe gagne? C'est celui qui a convaincu le «juge» (le professeur? un étudiant?).

Sujet numéro 1: L'ordre et le désordre.

a. L'ordre? le désordre? Il y a des choses plus importantes qu'une maison en ordre. Moi, je pense que le goût excessif de l'ordre est un symptôme d'insécurité. . .

b. L'ordre est essentiel à une vie productive et bien organisée. On finit par ressembler au décor dans lequel on vit. Moi, je n'aime pas trouver des souris dans mes tiroirs. . . etc.

Sujet numéro 2: Décor ancien ou décor moderne?

a. Je voudrais une maison neuve ou un appartement ultra-moderne, parce que. . .

b. Pas du tout. Moi, je préfère un décor traditionnel, des objets anciens, pleins de souvenirs, parce que. . .

Sujet numéro 3: Des repas à la salle à manger ou des repas dans la cuisine?

a. Donnez-moi une salle à manger, élégante de préférence, mais même si elle est petite et simple! Je préfère dîner et recevoir mes amis avec une certaine formalité, parce que. . .

b. Donnez-moi une table confortable, dans une cuisine où il a des activités intéressantes, voilà où je préfère prendre mes repas et recevoir mes amis, parce que. . .

DES GENS PARLENT

Je cherche un studio pas cher et bien situé

Dominique arrive à Paris venant d'Avignon, sa ville natale. C'est la première fois qu'elle quitte sa ville et sa famille, mais elle a trouvé du travail comme assistante de production à la chaîne de télévision FRANCE III. La grande adventure de la vie commence pour elle. Mais pour le moment, pleine d'illusions, elle cherche un appartement et elle fait le tour des agences de location.

Dans la première agence

DOMINIQUE: Monsieur, je cherche un petit appartement, bien situé.

LE MONSIEUR: Meublé?

DOMINIQUE: De préférence.

LE MONSIEUR: Nous avons un studio de rêve, mademoiselle! Juste ce qu'il vous faut. Trente mètres carrés, **porte-fenêtre** avec balcon et vue sur la Seine, cuisine équipée, salle de bains complète. Impeccable et ravissant. C'est au deuxième étage, avec **ascenseur.**

DOMINIQUE: Et. . . le prix?

LE MONSIEUR: Très raisonnable, réellement, pour un immeuble de ce standing! Dix mille francs par mois, trois mois payables d'avance. . . Oh. . . le propriétaire est un décorateur et il désire vendre les meubles avec. C'est une très bonne affaire. . .

DOMINIQUE: J'en suis sûre, mais je ne gagne que sept mille francs par mois pour commencer. Votre studio est bien au-dessus de mes moyens. Je vous remercie, monsieur. . . .

Dans la deuxième agence de location

DOMINIQUE: Je cherche un petit studio, pas trop cher.

LA DAME DE L'AGENCE: Un studio. . . Voyons. Nous avons un petit studio charmant. Il y a une fenêtre sur cour. Malheureusement, il n'y a pas de cuisine et pas de douche, ni de baignoire. Il y a un évier avec eau chaude et froide et un **réchaud** à gaz. C'est tout. Mais c'est une excellente adresse.

DOMINIQUE: À quel étage?

LA DAME: Au sixième.

DOMINIQUE: Y a-t-il un ascenseur?

LA DAME: Pas d'ascenseur. L'immeuble est ancien. Mais le loyer est raisonnable: Quatre mille francs par mois, deux mois payables d'avance.

DOMINIQUE: Quatre mille! Mais c'est beaucoup trop cher pour moi. . . Je n'ai pas les moyens. . . Merci, madame.

Dans la troisième agence de location

DOMINIQUE: Madame, je cherche un studio très bon marché.

LA DAME: Quelle coïncidence! Justement, nous avons un amour de petit studio. En réalité, c'est une chambre avec salle de bains dans une maison privée, mais vous pouvez faire un peu de cuisine si vous voulez.

DOMINIQUE: Dans une maison privée?

LA DAME: Oui. La propriétaire est une dame âgée. Elle met certaines restrictions, bien sûr: Il faut rentrer avant neuf heures du soir et pas de visiteurs. Elle est très ferme sur ces deux points.

DOMINIQUE: Mon Dieu! Et. . . où est située cette petite merveille?

LA DAME: Oh, très bien située, vraiment. C'est à Bobigny. Oui, je sais, c'est la banlieue industrielle, mais la rue est tranquille. On entend les trains, mais pas toute la nuit!

DOMINIQUE: Bobigny? Mais comment y va-t-on? Je travaille dans le seizième.

LA DAME: C'est très facile. Vous prenez l'autobus, et puis le métro, et vous changez deux fois. C'est très direct. Vous serez au travail en une heure, une heure et demie. Ah, excusez-moi. . . Je vois sur la carte: Cette dame voudrait aussi savoir quelle est votre religion. . .

DOMINIQUE: Je suis désolée, madame. Ce n'est pas ce que je cherche. . . .

Dans la quatrième agence

DOMINIQUE: Monsieur, je viens vous voir à propos de votre annonce dans le *Figaro:* «Studio, grand, clair, moderne, avec terrasse, cuisine et salle de bain, vue sur le Bois de Boulogne, mille francs par mois.»

LE MONSIEUR: *(Il regarde Dominique: La naïveté existe encore aujourd'hui!)* Ah oui, oui. . . En effet. . . Mais il est déjà loué, mademoiselle. Pourtant, nous en avons des quantités d'autres. Regardez. Voilà la liste.

DOMINIQUE: *(qui commence à désespérer)* Mais, monsieur, ils sont tous trop chers. Ou alors, ils sont dans des banlieues lointaines, ou bien ils sont au sixième étage sans ascenseur et sans salle de bains.

LE MONSIEUR: Il ne faut pas demander l'impossible, mademoiselle. Il faut savoir faire des concessions. . . . Par exemple, regardez: Ce petit studio, avec fenêtre, au septième étage. Il n'y a pas d'ascenseur, bien sûr, mais il y a une fenêtre! Vous pouvez y mettre des pots de géraniums! Il n'y a pas de salle de bains, mais il y a un robinet d'eau froide, c'est excellent pour arroser les géraniums.

DOMINIQUE: Y a-t-il le chauffage central?

LE MONSIEUR: Pour mille cinq cent francs par mois, le chauffage central? Vous plaisantez. Mais je vous assure que si vous montez vos sept étages en courant, vous n'aurez pas froid. . . .

DOMINIQUE: Je vous remercie, monsieur. Je vais réfléchir.

De retour dans sa chambre d'hôtel, Dominique se désespère. Y a-t-il un espoir? Va-t-elle trouver un appartement? Faudra-t-il retourner à Avignon? Mais le téléphone sonne.

DOMINIQUE: Allô? Qui est à l'appareil?

PASCALE: Je m'appelle Pascale Benoît. Je suis assistante de production à FR III, nous avons fait connaissance le jour de ton interview. On me dit que tu es acceptée comme assistante aussi. Bienvenue dans l'équipe!

DOMINIQUE: Comme c'est gentil de me téléphoner. . . Ça me fait vraiment plaisir. Je suis si contente d'être acceptée! Mais figure-toi, je ne sais pas si je vais pouvoir rester à Paris. . .

PASCALE: Et pourquoi?

DOMINIQUE: C'est une longue histoire. . . En deux mots, j'ai passé deux jours à chercher un appartement et je n'en ai pas trouvé. Tout est trop cher. Comment as-tu fait?

PASCALE: Oh, pour moi, c'est très facile. Ma famille habite Paris, nous y avons toujours habité. Mes parents ont un grand appartement et j'habite avec eux. Il y a beaucoup de place.

DOMINIQUE: Tu en as, de la chance! Moi, je suis désespérée.

PASCALE: Il y a peut-être une solution. . . Mon frère vient de partir pour faire son service militaire. Sa chambre est disponible. Si tu veux t'y installer, je suis sûre que c'est d'accord avec mes parents. Nous irons au bureau ensemble.

DOMINIQUE: Oh, Pascale, tu me sauves la vie! Comment te remercier? Et. . . pour le loyer?

PASCALE: Ce n'est pas bien grave, tu t'arrangeras avec Maman. Et tu sais, dans quelques mois, si nous faisons des économies, nous aurons peut-être assez d'argent pour prendre un appartement ensemble. D'accord? Je passe te chercher à ton hôtel dans une heure. Tu viens dîner à la maison et visiter ta chambre. À tout à l'heure!

Questions sur *Je cherche un studio pas cher et bien situé*

1. Pourquoi Dominique cherche-t-elle un appartement?

2. Qu'est-ce que c'est qu'un studio?

3. Que pensez-vous du premier studio? Combien coûte-t-il? Est-ce cher?

4. Dominique a-t-elle les moyens de prendre le premier studio?

5. Le petit studio de la deuxième agence est «charmant». Mais. . .est-il confortable?

6. Ah, la troisième agence. Il y a «un amour de petit studio». Est-ce vraiment un studio? Quels sont les défauts?

7. Objecteriez-vous aux restrictions que cette dame place sur ses locataires? Pourquoi?

8. Est-ce que Bobigny est pratique pour Dominique? Expliquez.

9. Dans la quatrième agence, pensez-vous que ce merveilleux appartement à mille francs existe? Pourquoi?

10. Le dernier studio est vraiment le pire. En quoi consiste son confort?

11. Y a-t-il le chauffage central? Mais, d'après le monsieur de l'agence, Dominique en aura-t-elle besoin?

12. Qui est Pascale Benoît?

13. Quelle est l'offre de Pascale?

14. À la place de Dominique, qu'est-ce que vous feriez? Accepteriez-vous l'offre de Pascale?

15. Avez-vous une autre solution à proposer à Dominique?

Remarques et répliques

Répondez dans l'esprit du texte.

1. LA DAME: Pourquoi ne voulez-vous pas ce studio avec fenêtre sur l'autoroute?
   DOMINIQUE: . . . . . .

2. LA DAME: Orléans est à deux heures de Paris par le train. Voulez-vous un studio à Orléans? C'est moins cher qu'à Paris.
   DOMINIQUE: . . . . . .

3. LE PÈRE DE DOMINIQUE: *(au téléphone)* Tu ne trouveras pas
   d'appartement à Paris, j'en suis sûr. Reviens à Avignon.
   DOMINIQUE: . . . . . .

4. LA MÈRE DE DOMINIQUE: *(au téléphone)* Veux-tu que je vienne à
   Paris pour t'aider à trouver un appartement?
   DOMINIQUE: . . . . . .

5. LE PETIT AMI DE DOMINIQUE: *(au téléphone)* Ma chérie, tu me manques beaucoup! Qu'est-ce que je vais faire sans toi?
   DOMINIQUE: . . . . . .

6. LE CHEF DE L'ÉQUIPE DE PRODUCTION: Quand vas-tu commencer
   à travailler, Dominique?
   DOMINIQUE: . . . . . .

7. MME BENOÎT: Le loyer de la chambre? Oh, je ne sais pas. . . Vous
   dînerez avec nous le soir, bien sûr. . . Est-ce que sept cents
   francs est trop cher?
   DOMINIQUE: . . . . . .

8. LE FRÈRE DE PASCALE: *(que arrive **en permission** pour vingt-quatre
   heures)* Mais alors. . . Où est-ce que je vais dormir?
   PASCALE: . . . . . .

   Six mois plus tard, Pascale et Dominique cherchent un appartement.
   Au bureau.

9. PASCALE: Est-ce que quelqu'un connaît un appartement pour Dominique et moi?
   JEAN-PIERRE: *(Technicien pour FR III)* Non, mais. . . . . .!

10. Au Bureau
    MARIE-FRANCE: Grande nouvelle! Je me marie le mois prochain avec
    un Américain et nous allons habiter à New York!
    DOMINIQUE ET PASCALE: . . . . . .?

ALLÔ! RÉPONDEZ AU TÉLÉPHONE!

Une scène de jalousie

Dominique a cherché en vain un studio confortable, bien situé et
pas trop cher, à Paris. Elle a fini par trouver. . . Vous savez ce

qu'elle a trouvé, si vous avez lu la conversation qui précède. Ravie, elle téléphone à Gérard, son petit ami, qui est resté à Avignon. Mais Gérard est jaloux, et il voudrait que Dominique revienne à Avignon.

DOMINIQUE: Allô, Gérard?

GÉRARD: . . . . . .

DOMINIQUE: Mon Dieu, tu parles comme si j'étais au bout du monde! Ce n'est que Paris après tout. Figure-toi que j'ai trouvé un logement.

GÉRARD: . . . . . .

DOMINIQUE: Ce n'est pas exactement un studio. C'est une chambre chez des gens très gentils. Et non, ce n'est pas cher.

GÉRARD: . . . . . .

DOMINIQUE: Non, ne sois pas ridicule. Je ne m'installe pas chez un homme! Non, c'est une vraie famille, leur fille travaille avec moi, et ils ont un grand appartement.

GÉRARD: . . . . . .

DOMINIQUE: Non, Gérard, il n'y a pas de fils de vingt-cinq ans. Ou plutôt si, mais il est parti faire son service militaire. C'est sa chambre que j'occupe.

GÉRARD: . . . . . .

DOMINIQUE: Quand il viendra en permission, il dormira sur le divan du salon, ou dans la chambre de son petit frère.

GÉRARD: . . . . . .

DOMINIQUE: Non, non, et non, Gérard. Il ne partagera pas la chambre avec moi. Tu as mauvais esprit.

GÉRARD: . . . . . .

DOMINIQUE: C'est toujours comme ça. Tu commences par faire une scène de jalousie, et puis tu me demandes pardon. Sois raisonnable, Gérard.

GÉRARD: . . . . . .

DOMINIQUE: Non, je ne veux pas revenir à Avignon. Je veux travailler ici, à Paris, au moins pendant quelques années. Je veux me faire une vie indépendante.

GÉRARD: . . . . . .

DOMINIQUE: Non, tu n'es pas malheureux. Tu es jaloux de mon indépendance. C'est différent.

GÉRARD: . . . . . .

DOMINIQUE: Et moi, je ne veux pas me marier. Nous sommes trop jeunes. Nous ne sommes pas certains de nos sentiments. Et quand tu fais des scènes comme ça, j'ai des doutes sérieux.

GÉRARD: . . . . . .

DOMINIQUE: Au revoir. Téléphone-moi quand tu seras plus raisonnable, ou bien ne me téléphone pas du tout. Tu décideras.

GÉRARD: . . . . . .

PARLEZ AVEC LES JEUNES

Quelques termes du français familier

une chambre, un petit appartement	une piaule
un lit (au lit)	un plumard (au plumard)
la concierge	la pipelette
pas gentil, méchant, désagréable	vache
la porte	la lourde
fermer la porte	tirer la lourde
sortir, partir	se tirer

A. *Remplacez les termes indiqués par un terme du français familier (de cette leçon ou d'une leçon précédente).*

1. Dominique a trouvé une *jolie chambre.*
2. Où es-tu, à minuit? Moi, je suis *au lit.* Mon *lit* est **très** confortable.
3. Quand tu *sors, ferme la porte.*
4. Je suis en retard. Je *sors.* As-tu la clé de la *porte?*
5. La *concierge* est au courant de toutes les affaires des locataires!
6. Ce n'est pas *amusant* de chercher un *appartement* pas cher à Paris!
7. Fais ton *lit* avant de *sortir.*

B. *Répondez aux questions avec un terme du français familier de cette leçon ou d'une leçon précédente.*

1. Quelle sorte d'appartement cherches-tu?
2. Qu'est-ce que je fais quand je me tire?
3. Ta pipelette est chouette ou elle est vache?
4. Elles sont chouettes, les piaules des étudiants dans ta fac?
5. Tu passes trop de temps au plumard! Pourquoi?

Ces images vous parlent. Répondez-leur . . .

1. *(Le grand frère)*
   Qui sont ces trois personnes? Ont-elles un rapport familial? Pourquoi vivent-elles ensemble? Quelle est leur conversation?

2. *(Monsieur,* avec Philippe Noiret*)*
   Identifiez chacun des membres de cette famille, donnez-leur un nom (Patrick? Annie? etc.). Quelle nouvelle leur apporte ce coup de téléphone? Qu'est-ce qu'ils répondent?

3. *(La boum)*

Nous sommes dans une maison d'étudiants, ou résidence universitaire. Qu'est-ce que ces jeunes gens boivent? Pourquoi sont-ils tous ensemble, ce soir? Imaginez que vous habitez dans cette maison: Serez-vous dans votre chambre ce soir, ou serez-vous à la party? Pourquoi?

4. *(La boum 2)*

Qui sont ces jeunes filles? Donnez-leur un nom. Pourquoi habitent-elles ensemble? Aimeriez-vous avoir un(e) camarade de chambre? Pourquoi? Qui leur téléphone? Qu'est-ce que cette personne leur dit? Qu'est-ce que les filles répondent?

5. *(La balance)*

Voilà deux types qui habitent ensemble, mais ont-ils l'air très content de la situation? Quels sont leurs problèmes, et quelle est leur conversation?

HUITIÈME LEÇON

Les voyages

(Yoyo, avec Pierre Etaix)
*Décrivez cette scène et imaginez les pensées de ce monsieur
très élégant.*

Les voyages

Voilà l'usage:

On fait un voyage. On fait un long, un grand ou un petit voyage. Suivant ses raisons et son **but,** c'est un **voyage d'affaires** ou **d'agrément.** Il peut aussi combiner les deux.

Un petit voyage d'agrément avec un but précis, pour aller visiter un endroit ou un monument, par exemple, c'est une excursion.

On va **quelque part:** *à* Paris, *à* Londres, *à* New York; etc. . . *en* France, *en* Angleterre, *en* Amérique du Nord ou du Sud, etc.; *au* Japon, *au* Canada, *au* Danemark[1] . . .

On y va **à pied,** par le train, par bateau, **par avion** (ou: à bicyclette, à motocyclette), en auto, en **autobus,** en **autocar.**

Maintenant, la question:

Donnez un exemple concret d'un voyage d'affaires et d'un voyage d'agrément. Dans quelle catégorie placez-vous le dernier voyage que vous avez fait? Pourquoi?

Quels sont les buts d'excursion intéressants dans votre région? Comment y va-t-on? Qu'est-ce qu'on y voit?

Si vous êtes à Paris, vous êtes en France, en Europe. Et si vous êtes à Dublin? à Rome? à Pékin? à Lima? à Tokyo? à Chicago?

Comment allez-vous à la maison? au supermarché? au travail? en vacances? en Europe? en voyage organisé?

---

[1] Rappelons ici brièvement l'usage des prépositions avec les noms de lieux:
  à + le nom d'une ville ou d'une île (à Cuba)
  en + le nom d'un pays féminin (terminé par *e* muet); et **en** pour les pays masculins
    mais dont le nom commence par une voyelle (en Israël, en Iran, en Uruguay)
  au + le nom d'un pays masculin (terminé par une autre lettre que *e* muet)
  aux + le nom d'un pays écrit au pluriel (**aux** États-Unis, **aux** Indes)

Il faut une heure, il faut deux heures, ou il faut huit heures, ou trois jours pour arriver à destination.

Combien de temps vous faut-il pour rentrer chez vous? Pour aller par avion de votre ville à Paris? à Chicago?

Si la distance est **courte,** on va à sa destination à pied. Si la distance est plus longue, on prend sa voiture ou sa bicyclette. On laisse sa voiture dans un parc de stationnement ou parking.

Comment venez-vous ici? Avez-vous une bicyclette? Où allez-vous à bicyclette?

On **part** seul, ou on **emmène** quelqu'un. Si c'est un **voyage de noces,** on emmène, naturellement, son mari ou sa femme et on passe sa **lune de miel** dans un **endroit pittoresque.**

Aimez-vous voyager seul? Pourquoi? Qui a fait un voyage de noces? Où êtes-vous allé?

On **emporte** des bagages: on emporte un sac de voyage, une valise, une **malle,** un **nécessaire de toilette.** Si c'est un voyage d'affaires, on emporte sans doute une **serviette.**

Quels bagages emportez-vous pour un week-end? pour un mois? pour dix ans? mettez-vous vos papiers dans une serviette? Pourquoi?

Les touristes emportent un **appareil photo (graphique),** des **jumelles** et quelquefois une **caméra** pour prendre des films.

Emportez-vous un appareil photo quand vous allez en voyage? Pourquoi?

du camping etc "Great outdoors".

Si vous êtes sportif vous aimez le — **grand air,** l'exercice et le camping. Vous partez, avec un **sac à dos,** à pied ou à bicyclette. Vous emportez votre équipement, vous **dressez** votre tente dans un endroit isolé et vous dormez dans un **sac de couchage.**

Pourquoi faites-vous du camping (ou pourquoi ne faites-vous pas de) camping?

Qu'est-ce qu'il faut emporter pour faire du camping? Qu'est-ce qu'il ne faut pas emporter?

Si vous campez dans la nature, vous serez peut-être attaqué par des **animaux sauvages,** comme des **ours.** Mais c'est peu probable. Il est beaucoup plus probable que vous serez attaqué par des mous-

Quels sont les avantages et les inconvénients du camping?

Qui faut-il emmener et qui ne faut-il pas emmener?

tiques, des **fourmis** et d'autres pe-
tites bêtes qui sont moins rares.

Le camping le plus civilisé se fait
avec un **combiné de camping** (on
dit **combi**) ou avec une **caravane,**
véritable maison sur roues.

Avez-vous ou désirez-vous un
combi ou une caravane?

Pourquoi? Préférez-vous l'hôtel?
Pourquoi?

Si vous partez en voiture, mettez
les bagages dans le **coffre** et n'oubliez pas de prendre de l'**essence.**
Si vous emmenez quelqu'un de
sympathique, faites-le (la) asseoir
sur le **siège avant.** Mettez les
autres sur le **siège arrière.** Prenez
le **volant.** Conduisez prudemment,
et bon voyage!

Aimez-vous conduire ou préférez-
vous laisser une autre personne
conduire? Quel est le dernier voyage que vous avez fait en auto? Qui
conduisait?

Que fait le «chauffeur du siège arrière»? Que pensez-vous de
cette. . . collaboration?

Voyager par le train est **reposant.**
Quelqu'un vous conduit à la **gare.**
Vous prenez votre billet et vous
montez dans votre wagon. Vous
pouvez déjeuner ou dîner au
wagon-restaurant et dormir dans
un wagon-lit.

Quels sont les avantages et les inconvénients des voyages par le
train? Voyagez-vous souvent par
le train? Expliquez.

Quand vous partez par avion,
vous **faites vos bagages avec soin:**
il y a une limite au **poids** et au
nombre de vos bagages et vous ne
voulez pas payer d'**excédent de
bagage.**

Quel est le dernier voyage que
vous avez fait par avion? Où êtes-
vous allé(e)? Était-ce un bon voyage? Pourquoi?

Arrivez à l'aéroport une heure **à
l'avance.** Allez au comptoir de
votre ligne. Faites vérifier votre billet. Passez le contrôle de sécurité.

Dan l'avion, un **signal lumineux**
vous dit: «**Défense de fumer.
Éteignez** vos cigarettes. **Attachez
vos ceintures de sécurité**».

Sans regarder le livre, dites: *No
smoking. Put out your cigarettes.
Fasten your safety belts.*

Les voyages par avion sont si rapides (parce que les avions vont vite)! On souffre souvent du **décalage horaire** quand on fait un grand voyage.

Quels sont les symptômes du décalage horaire après un voyage, par exemple, de San Francisco à Paris?

Arrivé(e) à destination, vous prenez un autobus, un taxi, or vous **louez** une voiture.

Aimez-vous conduire dans une ville que vous ne connaissez pas?

Vous **descendez sans doute à** l'hôtel où vous avez des réservations.

Quand on voyage **à l'étranger,** comme, par exemple, si on va des États-Unis en Europe, il faut passer la **douane.**

Avez-vous passé la douane? Avez-vous payé des **droits?** Pourquoi?

Arrivé à sa destination, on **visite** les endroits intéressants et on **va voir** des gens. On **goûte** la cuisine locale, et on fait des achats pour emporter des souvenirs.

Si un visiteur arrive dans votre ville, qu'est-ce qu'il peut visiter? faire? goûter? acheter?

Si vous arrivez dans un pays **francophone,** vous êtes heureux de savoir la langue. Dans un autre pays, vous avez peut-être besoin d'un interprète qui **traduit** pour vous.

Nommez les pays où nous n'avez pas besoin d'interprète.

Il faut aussi changer votre argent en francs, marks, pesetas, livres, drachmes, etc., et vous **habituer** au système métrique.

Dans le système métrique, quelle est l'unité qui correspond au *mile?* au *quart?* à la *pound?*

Sujets d'exposés

Choisissez un sujet et préparez un exposé de trois minutes environ.

1. *Une hôtesse de l'air, ou un steward.* Quelles sont ses qualifications? ses occupations? Quels sont les avantages et les inconvénients de ce métier?

2. *Vous faites du camping.* Racontez une de vos expéditions ou une aventure qui vous est arrivée pendant une expédition de camping.

3. *Racontez un voyage mémorable que vous avez fait*: Avec qui? Où êtes-vous allé(e)? Pourquoi? Comment y êtes-vous allé(e)? Qu'est-ce que vous avez fait? Vu?

4. *Le voyage de noces que* vous avez fait ou que vous voudriez faire.

5. *En Europe pour la première fois*: Où aller? Que faire? Que voir?

6. *Le voyage de vos rêves.*

Polémique ou discussion

Les étudiants se divisent en groupe *pour,* et en groupe *contre.* Ils préparent leurs arguments et les présentent avec vigueur et conviction. Quel groupe gagne? C'est celui qui a convaincu le «juge» (le professeur? un étudiant?).

Sujet numéro 1: Voyager ou rester à la maison?

a. On peut tout voir à la télévision, au cinéma ou dans les magazines. Il est inutile de voyager. Et aussi. . .
b. Rien ne peut remplacer les voyages, parce que. . .

Sujet numéro 2: Les endroits célèbres ou **hors des chemins battus** (*off the beaten track*).

a. Moi, quand je voyage, je veux voir les endroits célèbres. Par exemple,. . .
b. Moi, je veux rester hors des chemins battus et voir ce que les touristes ne voient pas, parce que. . .

Sujet numéro 3: Les voyages rapides et les voyages lents.

a. Moi, je veux arriver le plus vite possible à ma destination, parce que. . .
b. Moi, je pense que le voyage pour aller d'un endroit à un autre est la partie la plus agréable. Il faut aller lentement parce que. . .

DES GENS PARLENT

Un voyage trois étoiles

Chantal et David sont un jeune ménage franco-américain. Elle est parisienne et il est américain. Elle travaille dans la mode et il est avocat international. Ils se sont rencontrés quand un collègue de David a dit: «Tu ne connais personne à Paris? Voilà le numéro de ma sœur. Téléphone-lui, elle connaît des quantités de filles». Vous devinez le reste. David a téléphoné, ils ont pris l'apéritif ensemble et ils se sont mariés trois mois plus tard.

Aujourd'hui, c'est leur deuxième anniversaire de mariage. David vient de rentrer du travail. Chantal arrive avec un petit paquet.

CHANTAL: Oh, les jolies fleurs, merci mon chéri. . . *(Ils s'embrassent.)* Deux ans déjà et nous nous aimons toujours autant!

DAVID: Beaucoup plus, même. Il faut célébrer ça. . . Qu'est-ce que tu m'apportes?

CHANTAL: C'est ton cadeau d'anniversaire. Un livre. Regarde.

DAVID: *(très déçu)* Mais nous avions pensé faire un petit voyage pour célébrer. . . Juste un week-end. . . Nous avons mis de l'argent de côté pour ça.

CHANTAL: Justement, c'est le voyage que je t'apporte, ou plutôt, c'est pour organiser notre voyage.

DAVID: *(Il ouvre le paquet.)* Oh, c'est un guide. . . Le Guide Michelin. . . *(Il le feuillette.)* Il indique les hôtels et les restaurants, dans toutes les villes et même dans les villages! Et pour chaque ville, les curiosités à voir. C'est très bien fait. Regarde ces symboles. Et. . . qu'est-ce que c'est que cette carte de France avec des étoiles?

CHANTAL: Ça, c'est la carte des meilleurs restaurants. Une étoile, c'est excellent. Deux, c'est supérieur. Trois, c'est exceptionnel. Il n'y a que dix-neuf restaurants trois étoiles dans toute la France!

DAVID: Ce guide commence à m'intéresser. . . Voyons les prix. Les trois étoiles de province ne sont pas si chers que ça. . . Nous pourrions peut-être. . . Mais non, ce n'est pas raisonnable. Où veux-tu aller?

CHANTAL: Regardons la carte. Si nous prenons la voiture, nous pouvons aller en Alsace. Tu ne connais pas et c'est très pittoresque, tu sais.

DAVID: *(penché sur la carte)* Je vois. . . Prenons l'autoroute. Nous passerons par Reims. . .

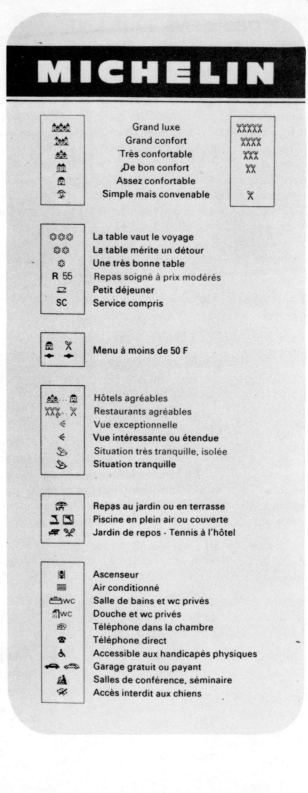

MICHELIN

Grand luxe
Grand confort
Très confortable
De bon confort
Assez confortable
Simple mais convenable

La table vaut le voyage
La table mérite un détour
Une très bonne table
R 55 Repas soigné à prix modérés
Petit déjeuner
SC   Service compris

Menu à moins de 50 F

Hôtels agréables
Restaurants agréables
Vue exceptionnelle
Vue intéressante ou étendue
Situation très tranquille, isolée
Situation tranquille

Repas au jardin ou en terrasse
Piscine en plein air ou couverte
Jardin de repos - Tennis à l'hôtel

Ascenseur
Air conditionné
wc   Salle de bains et wc privés
wc   Douche et wc privés
Téléphone dans la chambre
Téléphone direct
Accessible aux handicapés physiques
Garage gratuit ou payant
Salles de conférence, séminaire
Accès interdit aux chiens

CHANTAL: Ah oui, Reims. C'est là que les rois de France étaient couronnés. Il y a une remarquable cathédrale gothique.

DAVID: *(vague)* Une cathédrale. . . gothique, euh? *(plus animé)* Mais Reims, c'est aussi la capitale du champagne. Je sais, nous avons un client de Reims qui m'en a parlé. On visite les caves et on déguste le champagne.

CHANTAL: Disons, deux heures pour Reims. De Reims, nous allons à Strasbourg, traditionnelle capitale de l'Alsace. Là aussi, il y a une splendide cathédrale. . .

DAVID: *(Il cherche dans le guide.)* Strasbourg. . . Voilà. Beaucoup de curiosités à voir. Tout est indiqué. Un restaurant peut-être? Il y en a des quantités. La Maison Kammerzell a une étoile, c'est «dans

---

XXXX ✿✿ **Crocodile** (Jung), 10 r. Outre ✆ 32.13.02 — ▤ ▣ ⑩ E ✵   CV **x**
fermé 7 juil. au 5 août, 22 déc. au 1ᵉʳ janv., dim. et lundi — SC : **R** 195 et carte
Spéc. Flan de cresson aux grenouilles. Gratin de langouste. Canard sauvage à la presse (saison).
Vins Riesling, Kaefferkopf.

XXX ✿✿ **Buerehiesel** (Westermann), dans le parc de l'Orangerie ✆ 61.62.24, « Belle
demeure alsacienne dans le parc » — ℗ ▣ ⑩   EU **a**
fermé 8 au 23 août, 23 déc. au 6 janv., vacances de fév., mardi soir et merc. — SC : **R**
170/280 et carte
Spéc. Emincé de saumon et lotte en terrine. Soupe de grenouilles et ravioli. **Vins** Muscat, Sylvaner.

XXX ✿ **Valentin-Sorg** (14ᵉ ét.), 6 pl. Homme-de-Fer ✆ 32.12.16, ← Strasbourg — ▣
⑩ 𝗩𝗜𝗦𝗔   BV **r**
fermé 15 au 31 août, 15 au 28 fév., dim. soir et mardi — SC : **R** 130/200
Spéc. Foie chaud Fritz Kobus. Suprême de sole Newbourg. Ris de veau Demidoff. **Vins** Riquewihr,
Pinot blanc.

XXX ✿ **Maison Kammerzell**, 16 pl. Cathédrale ✆ 32.42.14, Télex 890221, « Belle
maison alsacienne du 16ᵉ s. » — ▣ ⑩ E 𝗩𝗜𝗦𝗔   CX **e**
SC : Leo Schnug (rez-de-chaussée) **R** 165 bc/ 143 ♨ - aux étages **R** 196/302
Spéc. Parfait de foie gras frais. Choucroute. Matelote d'anguilles. **Vins** Sylvaner, Riesling.

XXX **Maison des Tanneurs dite ''Gerwerstub''**, 42 r. Bain-aux-Plantes ✆ 32.79.70,
« Vieille maison alsacienne, au bord de l'Ill » — ▣ ⑩   BX **t**
fermé 26 juin au 9 juil., 22 déc. au 23 janv., dim. et lundi — SC : **R** carte 120 à 200.

XXX **La Volière**, 1 av. Gén.-de-Gaulle ✆ 61.05.79 — ▤ ▣ ⑩ E 𝗩𝗜𝗦𝗔   DX **n**
fermé 14 juil. au 13 août, sam. midi et dim. — SC : **R** 146/218.

---

une belle maison alsacienne du 16ᵉ siècle». Spécialités: Choucroute garnie, tarte alsacienne, tous les vins d'Alsace. Et *(il sourit)* c'est juste en face de la cathédrale. . . gothique, bien sûr!

CHANTAL: *(Elle rit)* Je crois que tu as faim. C'est cher?

DAVID: Euh, pas trop. Il y a un menu à cent francs, tout compris, même le vin.

CHANTAL: Continue à regarder dans le guide. Qu'est-ce que tu vois dans la région?

DAVID: Oh, voilà un trois étoiles, à cinquante kilomètres, dans un village! Un trois étoiles dans un village? C'est l'Auberge de l'Ill, «Élé-

ILBARRITZ 64 Pyr.-Atl. **78** ⑪ ⑱ − rattaché à Bidart.

ILE voir au nom propre de l'Ile.

ILLHAEUSERN 68 H.-Rhin **62** ⑲ − 517 h. alt. 176 − ✉ 68150 Ribeauvillé − ☎ 89.
Paris 521 − Artzenheim 15 − Colmar 17 − St-Dié 51 − Sélestat 13 − ♦Strasbourg 60.

  La Clairière Ⓜ sans rest, rte Guémar ☎ 71.80.80, ❤ − ⊞ TV ☎ Ⓟ
fermé 3 janv. au 6 mars et lundi soir de nov. à janv. − SC : ⊡ 20 − **24 ch** 205/225.

  XXXX ❀❀❀ **Auberge de l'Ill** (Haeberlin), ☎ 71.83.23, « Élégante installation au bord
de l'Ill, ⩽ jardins fleuris » − ⊟ Ⓟ Ⓘ
fermé 1er au 7 juil., fév., lundi soir et mardi − **R** (prévenir) carte 200 à 250
Spéc. Salade de raie et langoustines au beurre de caviar, Sandre au pinot noir et quenelles à la
moëlle, Noisettes de chevreuil aux champignons des bois. **Vins** Riesling, Sylvaner.

ILLIERS-COMBRAY 28120 E.-et-L. **60** ⑰ G. Châteaux de la Loire − 3 569 h. alt. 162 − ☎ 37.
Paris 118 − Brou 13 − Châteaudin 29 − Chartres 25 − ♦Le Mans 95 − Nogent-le-Rotrou 35.

  Moulin de Montjouvin, SO : 2 km rte Brou ☎ 24.32.32, ☛, ❤ − ☐wc ☎ Ⓟ
− ⚱ 25
fermé 21 au 30 déc., fév. et merc. − SC : **R** 55/95 − ⊡ 13 − **14 ch** 120/140 − P 190.

PEUGEOT, TALBOT Gar. Daigneau, ☎ 22.01.17   RENAULT Gar. Thomas, ☎ 24.33.33 **N** ☎ 21.
N ☎ 21.94.39   94.39

gante installation au bord de l'Ill (c'est la rivière). . . Jardins
fleuris. . . » Et les spécialités! J'en ai l'eau à la bouche. C'est plus
cher, bien sûr, mais dis donc, trois étoiles!

CHANTAL: Alors, prenons juste un petit casse-croûte à midi, en visitant
Strasbourg. Comme ça nous pouvons peut-être. . .

DAVID: *(enthousiaste)* C'est ça, je suis d'accord avec toi. Dînons au trois
étoiles. Ce sera une aventure! Et il faut trouver un petit hôtel où
nous pouvons passer la nuit. . .

CHANTAL: En vois-tu un dans le guide?

DAVID: *(de plus en plus enthousiaste)* Voilà! Dans le même village, l'Hôtel
de la Clairière. Une chambre double est à deux cents vingt-cinq
francs. Le petit déjeuner n'est pas compris, mais ce n'est que vingt
francs de plus. Oh chic, regarde: Il y a un tennis à l'hotel, emportons
nos raquettes.

CHANTAL: Et après Strasbourg? Il y a Colmar. Colmar, tu sais, c'est le
cœur de l'Alsace historique. On a restauré la vieille ville, c'est une
merveille d'architecture. Tu vas adorer. . .

DAVID: *(Il feuillette son guide avec enthousiasme)* Colmar, Colmar. . .
Alors là, il y a un grand choix pour déjeuner: une étoile, deux
étoiles. . .

CHANTAL: *(Elle rit.)* Cet homme a faim! Dînons d'abord, et ensuite faisons
le reste de nos projets de voyage.

Questions sur *Un voyage trois étoiles*

1. Qui sont Chantal et David?

2. Y a-t-il une occasion spéciale? Quel est le cadeau de David? de Chantal?

3. Pourquoi David est-il déçu?

4. Qu'est-ce que les étoiles du Guide Michelin indiquent?

5. Comment vont-ils faire leur petit voyage? (train? avion? voiture?)

6. Qu'est-ce qui est remarquable à Reims?

7. Qu'est-ce qui est remarquable à Strasbourg?

8. Vont-ils déjeuner à la Maison Kammerzell? Pourquoi?

9. Comment s'appelle le restaurant trois étoiles où ils vont dîner? Est-il dans une grande ville?

10. Où vont-ils passer la nuit? Combien coûte la chambre? Est-ce que le petit déjeuner est compris?

11. Qu'est-ce qui intéresse surtout David: l'histoire et l'architecture, ou les bons restaurants? Pourquoi? Êtes-vous d'accord avec David?

12. Préférez-vous visiter des monuments ou faire un excellent repas? Expliquez.

Remarques et répliques

Répondez dans l'esprit du texte et avec imagination.

1. DAVID: Où veux-tu aller faire ce petit voyage?
   CHANTAL: . . . . . .

2. DAVID: Le Guide Michelin? Qu'est-ce que c'est?
   CHANTAL: . . . . . .

3. DAVID: *(au téléphone)* Allô, l'Auberge de l'Ill? Je voudrais réserver une table pour deux pour dîner.
   L'AUBERGE DE L'ILL: . . . . . .

4. DAVID: *(au téléphone)* Allô, l'Hôtel de la Clairière? Je voudrais réserver une chambre double avec bain.
   L'HÔTEL DE LA CLAIRIÈRE: . . . . . .

5. CHANTAL: Allons visiter toutes les cathédrales d'Alsace. . .
   DAVID: . . . . . .

6. UN COLLÈGUE DE DAVID: *(au bureau)* Est-ce que tu connais la France, David, ou juste Paris?
   DAVID: . . . . . .

7. UN AUTRE COLLÈGUE DE DAVID: *(Après le voyage en Alsace)* Mais comment as-tu trouvé ce restaurant et ce petit hôtel?
   DAVID: *(très fier)* . . . . . .

8. Un an plus tard.
   CHANTAL: C'est notre troisième anniversaire, chéri. Veux-tu faire un autre petit voyage?
   DAVID: . . . . . .

Conversations suggérées

1. *Vous organisez un petit voyage, comme le voyage de Chantal et David, avec quelqu'un que vous aimez bien.* Comment choisissez-vous votre destination? Comment irez-vous? Qu'est-ce que vous verrez? mangerez? ferez? Discutez et décidez.

2. *Vous voulez faire un grand voyage, alors vous allez dans une agence de voyages.* L'agent vous propose différent voyages, vous posez des questions et vous finissez par choisir. . . quoi?

3. *Vous téléphonez à Air France pour réserver votre billet pour aller à Paris.* Mais vous voulez passer deux jours à Londres avant d'arriver à Paris. De Paris, vous voulez aller à Rome pour trois jours, revenir à Paris et de là aller à Madrid. Grande confusion chez l'employé(e) d'Air France. Discussion. Conclusion.

ALLÔ! RÉPONDEZ AU TÉLÉPHONE!

De retour d'un voyage aux USA

Chantal revient d'un voyage aux USA avec son mari, David. Naturellement, sa famille et ses amis ont hâte de savoir ses impressions. Christiane lui téléphone.

CHANTAL: Allô, oui, c'est moi. Ah, bonjour, Christiane. C'est gentil de m'appeler.

CHRISTIANE: . . . . . .?

CHANTAL: Hier soir, par l'avion de New York. Ah, quel voyage!

CHRISTIANE: . . . . . .?

CHANTAL: Formidable. J'ai fait la connaissance de toute la famille de David. Des gens adorables. . . Et puis nous avons voyagé.

CHRISTIANE: . . . . . .?

CHANTAL: À Boston, en Nouvelle-Angleterre, à Albuquerque, au Nouveau-Mexique, et puis à San Francisco, en Californie.

CHRISTIANE: . . . . . .?

CHANTAL: Nous avons pris la voiture de Brad, le frère de David. Nous avons fait des milliers de kilomètres.

CHRISTIANE: . . . . . .?

CHANTAL: C'est difficile à dire, quand il y a tant de choses différentes. Le Grand Canyon, peut-être, ou bien les **gratte-ciels** de New York, ou bien le charme de la Nouvelle-Angleterre. . . On ne peut pas comparer des choses si différentes.

CHRISTIANE: . . . . . .?

CHANTAL: Oh, j'adore la cuisine américaine. Surtout la cuisine mexicaine qu'on mange dans le Sud-Ouest et que je ne connaissais pas.

CHRISTIANE: . . . . . .?

CHANTAL: Les gens sont gentils partout, mais surtout à la campagne et dans les petites villes. C'est comme ici, tu sais: Dans les grandes villes, tout le monde est pressé et puis on n'a pas confiance. . .

CHRISTIANE: . . . . . .?

CHANTAL: Oui, en effet, on parle beaucoup des crimes, aux USA. Personnellement, je n'ai rien vu, mais les média en sont pleins.

CHRISTIANE: . . . . . .?

CHANTAL: *(Elle rit)* Je ne sais pas, moi. . . Il y a Brad, le frère de David. Il est à l'université, c'est sa dernière année. Il est très beau, il ressemble à David.

CHRISTIANE: . . . . . .?

CHANTAL: Il a vingt-trois ans, je crois.

CHRISTIANE: . . . . . .?

CHANTAL: Non, il n'a pas l'intention de venir en France. . . Mais pourquoi ne vas-tu pas faire un voyage aux USA? J'annoncerai ton arrivée à Brad et il te montrera sa région.

CHRISTIANE: . . . . . .!

PARLEZ AVEC LES JEUNES

Quelques termes du français familier

une voiture	une bagnole
une motocyclette	une moto
une bicyclette	une bécane
(a motorbike)	une motobécane
une promenade	une balade
faire une promenade	se balader
une excursion	une virée
faire une excursion	faire une virée
partir très vite, tout de suite	ficher le camp

A. *Remplacez les termes indiqués par un terme du français familier (de cette leçon ou des leçons précédentes).*

1. Tu as une *belle voiture*. Tu as *de la chance!*
2. Viens. Allons faire *une promenade* avec nos *bicyclettes*.
3. Nous avons fait une *excursion très agréable* pendant le week-end.
4. Si tu es *méchant* avec moi, je *pars tout de suite*.
5. *Je pars tout de suite,* dès le premier jour des vacances.

6. Une *motocyclette* est plus pratique qu'une *voiture* pour un étudiant.
7. Tu laisses ta *voiture* devant ton *appartement?* Tu es *fou!* On va te la *voler.*

     B. Répondez aux questions suivantes en employant un terme du français familier de cette, ou d'une autre leçon:

1. Qu'est-ce que tu vas faire, dimanche?
2. Comment est ta bagnole? Elle est chouette, ou elle est moche?
3. Zut! On m'a fauché ma moto. Qu'est-ce que je vais faire?
4. Qu'est-ce que Chantal et David vont faire en Alsace?
5. Viens, je t'invite. Nous allons faire une petite virée et un bon gueuleton. Qu'est-ce que tu en penses?
6. Qu'est-ce que tu penses des mecs qui conduisent quand ils sont soûls?

Ces images vous parlent. Répondez-leur . . .

1. (*Le voyage à Biarritz,* avec Fernandel et Arletty)
   Un train qui va partir . . . Imaginez que vous êtes un voyageur dans ce train. Où allez-vous? À quelle occasion? Êtes-vous heureux (-se)? Triste? Pourquoi? Qu'est-ce que vous dites à vos compagnons de voyage?

2. *(Le jardinier d'Argenteuil,* avec Jean Gabin)
   Que pensez-vous de ce moyen de transport? Est-ce qu'il vous tente, ou, au contraire, préférez-vous les voyages plus rapides? Supposez que vous êtes assis à côté de ce monsieur: qu'est-ce que vous lui dites et qu'est-ce qu'il vous répond?

3. *(Vingt-cinq ans de bonheur,* avec Jean Tissier)
   Ces deux messieurs ont probablement fait connaissance dans leur compartiment de chemin de fer. Leur conversation est très animée. Qu'est-ce qu'ils disent?

4. *(Douce violence)*
Cette voiture vient de Paris (75 indique son immatriculation), mais nous sommes dans un petit port de la Côte d'Azur. Qui sont les passagers de la voiture? Imaginez la conversation de la jeune fille avec le type en jersey rayé.

5. *(Le coup de sirocco)*
Ces gens ont quitté l'Algérie, mais ce n'est pas pour un voyage de plaisir. Ils arrivent en France. Quels sont leurs émotions? Qu'est-ce que le monsieur dit à sa femme? Qu'est-ce qu'elle lui répond?

6. (L'animal)

    Décrivez ce que vous voyez, et essayez d'imaginer pourquoi ce voyageur voyage d'une aussi étrange manière. Quelles sont ses pensées?

NEUVIÈME LEÇON

L'argent: Vos revenus et vos dépenses

Comment on gagne sa vie

(*Le voyou*, avec Jean-Claude Trintignant)
Pourquoi examine-t-il ce billet avec autant d'attention? Qu'est-ce qu'il pense?

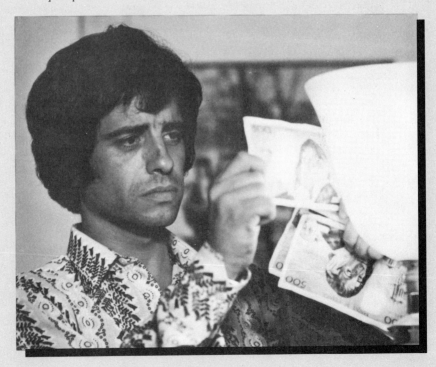

NEUVIÈME LEÇON

L'argent: Vos revenus et vos dépenses

Comment on gagne sa vie

L'**argent** est une des nécessités **journalières** de la vie. Sous une forme ou une autre, il **fait partie** de la plupart des activités humaines.

L'argent est sous forme de **billets** et de **pièces**. Les sommes importantes sont en billets, les petites sommes sont en pièces. Les pièces sont de la **monnaie**.

Si vous achetez quelque chose qui coûte soixante *cents*, par exemple, et si vous donnez un dollar, la différence est la monnaie. Pour téléphoner, par exemple, vous avez besoin de monnaie. Vous en avez besoin aussi pour les **distributeurs automatiques**.

Comment se procure-t-on de l'argent? Le plus souvent, on travaille et on **gagne**[1] de l'argent. On gagne

Avez-vous toujours un peu d'argent sur vous? Pourquoi? À quel moment de la journée avez-vous besoin d'argent?

Nommez des choses que vous payez avec des billets et des choses que vous payez avec des pièces (ou de la monnaie).

Quand avez-vous besoin de monnaie, au cours d'une journée? Y a-t-il des circonstances où un billet n'est pas acceptable?

Comment vous procurez-vous votre argent? Travaillez-vous máintenant? Pendant les va-

---

[1] *gagner de l'argent:* on travaille et on gagne de l'argent. *Faire de l'argent* a, en français, un sens tout différent. En fait, «faire» de l'argent, c'est être un contrefacteur, et la contrefaction est un crime!

tant par heure, tant par jour, tant par semaine, tant par mois, etc. Quand on travaille, on **touche** de l'argent. Vous dites: «Je touche un salaire de tant par semaine». Alors vous **êtes en possession** d'une somme d'argent, **soit** sous forme **d'argent liquide**, soit sous forme d'un **chèque.** Qu'est-ce que vous en faites?

Vous avez sans doute un **compte en banque** et vous y déposez votre chèque.

Vous avez probablement des **notes** à payer: votre loyer, les paiements mensuels de votre voiture, votre note de téléphone, etc. Il vous faut aussi de l'argent pour vivre. Vous dépensez donc une partie de votre argent. La somme que vous dépensez **à votre guise,** c'est votre **argent de poche.**

Si vous êtes **économe,** vous **faites des économies.** Comment? Vous mettez peut-être une petite partie de votre argent dans un **compte d'épargne.** Vous touchez ainsi des intérêts sur vos économies.

Si vous êtes **dépensier (dépensière)** au contraire, vous ne faites pas d'économies. Vous n'avez souvent pas assez d'argent et vous faites parfois des **dettes.** Mais, économe ou dépensier, il ne faut pas être **avare.** Il faut **profiter de** votre argent et en même temps **vivre selon vos moyens.** Ce n'est pas toujours facile!

Quand est-on obligé d'**emprunter** de l'argent? Si on a besoin d'une somme importante pour acheter

cances? Êtes-vous payé à l'heure? à la journée? à la semaine? Préférez-vous toucher votre argent en liquide ou sous forme de chèque? Pourquoi?

Quels sont les avantages d'un compte en banque?

Quelles notes avez-vous à payer?

Quelles sont vos autres dépenses importantes?

À votre avis, faut-il toujours donner de l'argent de poche aux enfants? Pourquoi?

Est-ce une bonne idée d'avoir un compte d'épargne? Pourquoi? Est-il difficile de faire des économies? Avez-vous un bon système pour en faire?

Avez-vous tendance à être dépensier ou économe? Donnez des exemples.

Est-il difficile de vivre selon ses moyens? Pourquoi?

Donnez des exemples de situations dans lesquelles on est obligé d'emprunter de l'argent à une banque.

une voiture, par exemple, ou une maison, ou **faire face à** une situation **imprévue.** La banque vous **prête** cette somme. C'est un **prêt.**

Vous empruntez cette somme. Et vous payez des intérêts qui sont un certain pourcentage de la somme empruntée.

Si vous n'avez besoin que d'une petite somme, vous pouvez généralement l'emprunter à un copain. Dans ce cas vous ne payez pas d'intérêts mais **remboursez** cet argent si vous ne voulez pas **perdre la confiance** de votre ami. Un des moyens les plus amusants de dépenser son argent, c'est d'**aller faire des achats** dans les magasins. On **paie comptant** ou on a un **compte** ou une **carte de crédit.** Le compte et la carte de crédit vous donnent plus de liberté, mais il y a la mauvaise surprise de la **facture** (ou la note) si vous **achetez à crédit.**

Au restaurant, à la fin du repas, le garçon vous apporte l'**addition.** On **règle** l'addition (on dit aussi: on paie l'addition). En France, un **pourboire** (le service) de 15 pour cent est **compris dans** l'addition. Aux États-Unis, il faut **laisser** ce pourboire, qui est laissé à la **bonne volonté** du public.

Certaines personnes ont des revenus autre que l'argent qu'on gagne par son travail. Si on a un capital avec lequel on achète des immeubles ou des **actions,** on a des

Est-ce que les intérêts payés sur l'**achat** d'une maison, par exemple, forment une somme importante? Pourquoi?

Prêtez-vous de l'argent si un ami vous le demande? Pourquoi? En empruntez-vous aussi quelquefois? Expliquez.

Aimez-vous aller faire des achats? Qu'est-ce que vous aimez acheter en particulier? Préférez-vous payer comptant? avoir un compte? payer par carte de crédit? Pourquoi?

Pour qui le système de crédit est-il dangereux?

Quelle est votre réaction généralement à l'arrivée des notes?

Que pensez-vous de la coutume du pourboire?

Est-ce que le pourboire est important, par exemple, pour un garçon de café ou une serveuse de restaurant? Expliquez.

Préférez-vous le système français ou le système des États-Unis? Expliquez.

Qu'est-ce qu'on peut acheter si on a un capital à placer? Voulez-vous acheter des actions sur une mine d'or au Pérou? Pourquoi?

investissements (ou des **placements**). Un placement sûr **rapporte**, un placement spéculatif peut perdre votre capital. Aimez-vous **courir des risques** ou **éviter les soucis?**

Malheureusement, l'argent que vous gagnez n'est pas tout à vous. Le gouvernement veut sa **part,** ce sont les **impôts.** Il y a plusieurs sortes d'impôts, mais le plus universel, c'est l'**impôt sur le revenu,** qui prend un pourcentage substantiel, déduit de vos revenus.

La **taxe** est la somme que le gouvernement **ajoute** au prix de certaines marchandises. Il y a une taxe sur les ventes et une taxe spéciale sur l'alcool, les cigarettes et d'autres objets de luxe. En France, on paie la T.V.A. (Taxe à la Valeur Ajoutée) qui va de 18 à 30 pour cent.

Les **droits,** c'est la somme que vous payez pour **avoir le droit** de faire quelque chose. Par exemple, un étudiant paie des **droits d'inscription** chaque **trimestre** ou chaque **trimestre** ou chaque **semestre.**

Il faut payer une **amende** comme **punition** si vous avez **manqué** d'observer une **loi** ou un **règlement.** Si vous n'observez pas le code de la route, le résultat du *PV* (**procès verbal**) que l'agent vous donne sera, inévitablement, une amende.

Que pensez-vous des gens qui cachent leur capital sous leur **matelas** ou qui l'**enterrent** dans le jardin?

Quels sont les avantages d'un placement spéculatif? Les inconvénients?

Sans regarder le livre, expliquez ce que c'est que les impôts (à quelqu'un qui ne comprend pas le terme).

Quand vous touchez votre chèque, est-ce que l'impôt sur le revenu est déduit? Avez-vous calculé le pourcentage que vous payez?

Y a-t-il une taxe à la vente dans votre état? Si oui, de combien?

Sur quels objets paie-t-on une taxe?

Que pensez-vous des droits d'inscription dans votre université? Comment les payez-vous: comptant ou par carte de crédit? Vous paraissent-ils élevés ou raisonnables?

Avez vous payé une amende, quelquefois? De quoi étiez-vous coupable? Était-ce **juste** ou **injuste?**

À quelles amendes est-on sujet dans votre école? Y a-t-il certaines amendes que vous aimeriez voir instituer? Supprimer?

Sujets d'exposés

Choisissez un sujet et préparez un exposé de trois minutes environ.

1. *L'argent liquide que vous avez sur vous aujourd'hui.* D'où vient-il (de la banque, par exemple, ou d'un autre endroit): Comment allez-vous le dépenser?

2. *Votre budget.* Comment organisez-vous vos dépenses? Quelles sont les notes que vous avez à payer? Pensez-vous que vous êtes économe ou dépensier (dépensière)? Pourquoi?

3. *Racontez une aventure embarrassante, amusante ou intéressante* qui vous est arrivée à propos d'une question d'argent.

4. *Imaginez que vous vous trouvez un jour en ville, avec votre voiture.* Plus d'essence, et vous avez laissé votre argent et votre carte de crédit à la maison. Comment allez-vous vous sortir de cette situation?

5. *Voilà un capital de 20.000 dollars.* Vous allez le placer dans les conditions les plus avantageuses. Comment allez-vous l'investir, et pourquoi?

6. *Vous voulez acheter une voiture.* Il faut emprunter l'argent nécessaire. Racontez la transaction.

7. *Un trésor caché!* On parle souvent de la recherche—et quelquefois de la découverte!—d'un trésor caché. Connaissez-vous une de ces histoires? En quoi consistait le trésor? Qui l'a cherché? L'a-t-on trouvé?

Polémique ou discussion

Les étudiants se divisent en groupe *pour* et en groupe *contre*. Ils préparent leurs arguments et les présentent avec vigueur et conviction. Quel groupe gagne? C'est celui qui a convaincu le «juge» (le professeur? un étudiant?).

Sujet numéro 1: L'argent fait-il le bonheur?

a. Oui, il fait le bonheur parce qu'il donne la liberté et la paix d'esprit nécessaires au bonheur. (Continuez avec vos propres arguments.)
b. Non, les gens riches ne sont pas heureux. Par exemple. . . (Continuez avec vos propres arguments.)

Sujet numéro 2: Vivre **au jour le jour,** ou faire des économies?

a. Il faut vivre au jour le jour et ne pas avoir de soucis du lendemain parce que. . .
b. Il faut employer chaque jour pour préparer le jour suivant et l'avenir, parce que. . .

Sujet numéro 3: Le gouvernement ou l'individu?

a. Je préfère un gouvernement qui laisse chaque citoyen responsable de sa propre destinée. Chacun sera récompensé selon son travail. C'est la seule justice parce que. . .

b. Je préfère un gouvernement socialiste qui prend aux riches pour donner aux pauvres. La justice ne consiste pas à donner à ceux qui sont **nantis** *(gifted, either in talent or fortune)* mais à assurer la subsistance de ceux qui sont déshérités par la nature ou les circonstances. . .

DES GENS PARLENT

Faisons notre budget

Anne-Marie et Frédéric sont fiancés, et ils vont bientôt se marier. Ils travaillent tous les deux: Anne-Marie dans une banque, où elle gagne sept mille francs (7.000fcs) par mois, net. Frédéric est employé dans une agence de voyages où il touche, pour le moment, six mille francs (6.000fcs) par mois, net.[2] Aujourd'hui, ils font leur budget.

FRÉDÉRIC: Nous avons la chance d'avoir des salaires fixes, alors notre budget n'est pas trop difficile à faire. Je prends un papier et un crayon. Première dépense?

ANNE-MARIE: Commençons par le loyer. L'appartement que nous avons décidé de louer coûte quatre mille francs par mois, toutes charges comprises. Je ne pense pas qu'on puisse trouver moins cher dans un bon quartier. Alors, il nous faut quatre mille francs tous les mois.

FRÉDÉRIC: Ajoutons-y les notes de gas, d'eau, d'électricité et de téléphone. . . Disons mille francs, au bas mot, pour ne pas avoir trop de mauvaises surprises. Voilà. Il nous faut cinq mille pour le logement.

ANNE-MARIE: Il y a aussi la traite mensuelle sur ta voiture. C'est mille francs, n'est-ce pas? Voilà déjà six mille francs de partis. . .

FRÉDÉRIC: Il faut manger, aussi. . . Qu'est-ce que nous allons dépenser par mois, en nourriture? Je n'ai aucune idée. C'est ma mère qui fait les provisions et je ne sais pas ce qu'elle dépense.

---

[2]*Salary deductions, in France, include contributions to Social Security, which provides full medical coverage. But income tax is not deducted and must be paid at the end of the fiscal year.*

ANNE-MARIE: Pour moi seule, je dépense environ deux cents francs par semaine au supermarché, entre les provisions et les produits d'entretien pour mon studio qui est petit. Et tu sais que je dîne souvent chez tes parents. . . Pour nous deux, disons deux mille francs par mois, si nous ne faisons pas de folies. Sept mille francs de moins. . . Ça va vite, dis donc! Et les vêtements? Il faut bien s'habiller! Tiens, par exemple, tu as besoin d'un imperméable et moi, je vais avoir besoin d'un manteau d'hiver. . .

FRÉDÉRIC: Ce ne sont pas des dépenses régulières. . . Mais faisons la moyenne et disons. . . Combien par mois?

ANNE-MARIE: Je ne sais pas exactement. L'un dans l'autre, environ cinq cents francs par mois. Mais il faut ajouter les frais d'entretien: la blanchisserie, le nettoyage à sec, la réparation des chaussures. . . et puis des petites choses, des **collants,** par exemple. Ce n'est pas cher, mais j'en ai toujours besoin. Mille francs par mois au total pour les vêtements?

FRÉDÉRIC: Nous avons déjà dépensé neuf mille francs! Et ce n'est pas tout. L'argent de poche pour la poste? la pharmacie? le métro et l'autobus pour aller au travail? un déjeuner de temps en temps? un café avec les copains? le cinéma? Combien nous faut-il à chacun comme argent de poche?

ANNE-MARIE: En ce moment, je dépense bien cinq cents francs par mois pour tout ça. Toi aussi, sans doute. Ça ne changera pas beaucoup quand nous serons mariés.

FRÉDÉRIC: Alors, disons encore mille francs pour l'argent de poche. Nous avons dépensé dix mille francs! Eh, dis donc, et la voiture! Nous allions l'oublier: l'assurance, l'essence, les réparations. Il faut compter encore mille francs par mois.

ANNE-MARIE: Onze mille! Et je suis sûre que nous oublions quelque chose . . . Ah, les impôts! Il faut mettre de l'argent de côté pour les impôts.

FRÉDÉRIC: Oui, il faut ouvrir un compt d'épargne pour les impôts. Disons deux mille francs par mois. Voilà notre revenu entier dépensé: treize mille francs par mois.

ANNE-MARIE: Mais c'est impossible! Je suis sûre que nous n'avons pas tout prévu. . . Et puis, il y a toujours des frais inattendus. . . Nos meubles? Comment allons-nous acheter nos meubles? À crédit, bien sûr! Alors, il y aura une traite mensuelle. . . Nous n'avons pas un centime pour ça.

FRÉDÉRIC: Oh, les meubles. . . Ils attendront. Ma mère me donnera deux ou trois choses. Et tes parents?

ANNE-MARIE: Mes parents aussi, bien sûr. Et ma grand-mère a promis d'aider. . . Mais rien ne sera assorti, ce sera complètement disparate. . .

FRÉDÉRIC: *(Il rit.)* Ce n'est pas bien grave. Nous dirons à nos amis que nous sommes meublés dans le style «Louis Qu'est-ce» et ça les amusera. Les meubles neufs attendront le jour où nous aurons des augmentations. Mais je suis sûr, comme toi, que nous oublions quelque chose d'important dans notre budget. Réfléchissons.

ANNE-MARIE: D'accord. Et puis, recommençons notre budget à partir du commencement, et nous verrons.

Questions sur *Faisons notre budget*

1. Pourquoi Anne-Marie et Frédéric font-ils leur budget?

2. Quel est leur revenu mensuel?

3. Quel est le prix de leur loyer?

4. Ont-ils à payer une traite sur la voiture? Expliquez le terme *une traite*.

5. Quelles sont leurs autres dépenses importantes?

6. Pensez-vous que mille francs par mois pour les vêtements— pour deux —est beaucoup ou pas beaucoup? Expliquez.

7. Ils n'ont pas un centime pour les frais imprévus. Y aura-t-il des frais imprévus? Expliquez.

8. Vont-ils faire des économies? Pour quelle raison?

9. Êtes-vous obligé(e) de faire des économies pour payer vos impôts? Pourquoi?

10. Frédéric et Anne-Marie vont-ils acheter des meubles? Expliquez.

11. Il y a le style Louis Quinze et le style Louis Seize. Dans quel style seront les meubles de ce jeune ménage?

12. Est-ce une bonne idée de faire un budget? Pourquoi? Faites-vous un budget? Pourquoi?

Remarques et répliques

Répondez dans l'esprit du texte et avec imagination.

1. FRÉDÉRIC: Penses-tu que nous pouvons acheter une nouvelle voiture? Ce serait agréable pour notre voyage de noces.
   ANNE-MARIE: . . . . . .

2. UN COPAIN DE FRÉDÉRIC: Est-ce que ta femme travaillera, quand vous serez mariés?
FRÉDÉRIC: . . . . . .

3. UNE AMIE D'ANNE-MARIE: Quelles sorte de meubles allez-vous acheter?
ANNE-MARIE: . . . . . .

4. LA MÈRE DE FRÉDÉRIC: J'ai un divan vert, un fauteuil rouge et un tapis orange. Les voulez-vous?
FRÉDÉRIC: . . . . . .

5. ANNE-MARIE: (à sa sœur) Voilà notre budget. Tu as de l'expérience, dis-moi si nous avons oublié quelque chose.
LA SŒUR: . . . . . .

Un an plus tard.

6. ANNE-MARIE: Frédéric! Une note de téléphone de mille deux cents francs! Comment expliques-tu ça? Comment allons-nous la payer?
FRÉDÉRIC: (très calme) . . . . . .

7. FRÉDÉRIC: (Il arrive à la maison, très content.) Anne-Marie, chérie! J'ai une augmentation de salaire de mille francs par mois. Comment allons-nous dépenser ça?
ANNE-MARIE: . . . . . .

8. FRÉDÉRIC: L'agence de voyage me donne dix jours de vacances et deux billets gratuits pour New York. Avons-nous assez d'argent pour accepter et payer les autres dépenses? Et peux-tu prendre des vacances à la banque?
ANNE-MARIE: . . . . . .

9. LE PATRON D'ANNE-MARIE: (à la banque) Vous avez très bien travaillé depuis cinq ans. Vous méritez une prime (a bonus). Voilà un chèque de cinq mille francs.
ANNE-MARIE: . . . . . .

10. UNE AMIE D'ANNE-MARIE: (à son fiancé) Nous gagnons huit mille francs par mois à nous deux. Penses-tu que c'est assez pour nous marier et prendre un appartement?
LE FIANCÉ: . . . . . .

Conversations suggérées

1. *Vous avez besoin d'argent tout de suite et vous demandez à un copain (une amie) de vous prêter cinquante dollars.* Mais l'autre pose des quantités de questions, vous y répondez avec une patience qui diminue. . . Quelle est la conclusion?

2. *À la Foire aux Puces.* Vous savez qu'on peut marchander et obtenir un prix considérablement plus avantageux que le prix demandé. Vous demandez le prix d'un vase ancien. «Quatre cents francs», dit le marchand. Vous marchandez, trouvez des défauts à ce vase. Il discute, vous fait remarquer sa beauté. Baisse-t-il son prix? Achetez-vous le vase? Combien payez-vous? C'est votre conversation.

3. *Un copain (une amie) et vous avez trouvé une enveloppe avec cinq billets de cent dollars.* Il n'y a pas de nom, pas d'indication de propriétaire. Vous discutez de ce que vous allez faire (Y a-t-il une tentation?) et vous finissez par prendre une décision.

4. *Vous et votre petit(e) ami(e) ou vous et votre femme (mari).* Vous avez mille dollars à dépenser comme vous voulez. Mais vous n'êtes pas d'accord sur le meilleur usage de cette somme. Alors vous discutez, chacun expose ses préférences. Et vous finissez par décider. . . Quoi?

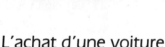

ALLÔ! RÉPONDEZ AU TÉLÉPHONE!

L'achat d'une voiture

Jacques a trouvé une superbe voiture d'occasion qu'il voudrait bien acheter. Mais il n'a pas d'argent et son budget lui permet de disposer, au maximum, de cinq cents francs par mois. Cela ne le décourage pas et il donne quelques coups de téléphone.

JACQUES: *(Il compose un numéro.)* Allô, c'est le Crédit Commercial? Division des Prêts Automobiles?

L'EMPLOYÉ(E) DE BANQUE: . . . . . .

JACQUES: Je désire acheter une voiture d'occasion. C'est une Citroën CX 2000, en excellent état. Ella a deux ans. Elle coûte quarante-cinq mille francs. Combien pouvez-vous me prêter?

L'EMPLOYÉ: . . . . . .

JACQUES: Ce n'est pas suffisant. Où est-ce que je vais trouver les quinze mille francs de différence?

L'EMPLOYÉ: . . . . . .!

JACQUES: Bien sûr, ce n'est pas votre problème. . . De combien seront mes traites mensuelles?

L'EMPLOYÉ: . . . . . .

JACQUES: Mille trois cents francs, c'est trop. Mon maximum est cinq, peut-être six cents francs. Je vais réfléchir, je vous rappellerai.

* * * * * *

(Il compose un autre numéro.)

JACQUES: Allô, maman? Comment vas-tu? Ton rhumatisme va mieux?

LA MÈRE DE JACQUES: . . . . . .

JACQUES: Ah, tant mieux, tant mieux . . . Écoute, maman, tu sais que j'ai besoin d'une voiture. J'ai trouvé une occasion sensationnelle. Un copain qui vend sa voiture. Il demande quinze mille francs, parce que c'est moi, mais elle vaut quarante-cinq mille francs, au bas mot. Qu'en penses-tu?

LA MÈRE DE JACQUES: . . . . . .

JACQUES: Ah, je suis content de voir que tu es d'accord avec moi. Si seulement j'avais les quinze mille francs. . .

LA MÈRE DE JACQUES: . . . . . .

JACQUES: Maman, tu es formidable, unique, je t'adore. Je t'emmènerai faire des balades, tu verras. . . Toi et moi, tous les deux.

* * * * * *

JACQUES: *(Il compose un troisième numéro)* Allô, tonton Gérard? Vous allez bien, tante Margot et toi? Je pense souvent à vous.

L'ONCLE DE JACQUES: . . . . . .

JACQUES: Je viens de parler à maman. Elle est si contente parce que je vais acheter une nouvelle voiture. C'est une occasion sensationnelle et elle va m'aider. Mais je n'ai pas osé lui dire que la voiture avait besoin de réparations, pour la mettre en parfait état.

L'ONCLE DE JACQUES: . . . . . .?

JACQUES: Oh, juste quinze mille francs.

L'ONCLE DE JACQUES: . . . . . .

JACQUES: Tonton Gérard, tu es un prince! Je viendrai vous voir à la campagne avec la voiture. À bientôt!

* * * * * *

JACQUES: *(Il compose le numéro de la banque.)* Allô? La division des Prêts autombiles? Quelles seront les traites mensuelles sur un prêt de quinze mille francs?

L'EMPLOYÉ: . . . . . .

JACQUES: Parfait, je passe vous voir demain, avec la voiture.

PARLEZ AVEC LES JEUNES

Quelques termes du français familier

l'argent	le fric, les sous
francs (vingt francs, cent francs)	balles (vingt balles, cent balles)
le travail	le boulot
un travail physique dur	la trime
travailler	boulonner
travailler dur	trimer
être sans argent	être fauché
avoir beaucoup d'argent	être plein aux as
facile	bidon

A. *Employez les termes ci-dessus pour remplacer le terme standard:*

1. As-tu *de l'argent?*
2. Où vas-tu? Je vais *au travail.*
3. Prête-moi cent *francs.*
4. L'oncle de Jacques *a beaucoup d'argent.*
5. J'ai tout dépensé. Je *n'ai plus d'argent.*
6. Pierre *travaille* de huit heures à cinq heures, mais c'est *un travail facile.*
7. Un ouvrier de la construction? *Il travaille dur,* tu sais.

B *Répondez aux questions en employant un terme du français familier.*

1. Je suis fauché, et toi?
2. Ça coûte combien, le ciné?
3. Il est difficile, ce cours? Non, . . .
4. Tu es travaillé dans une ferme? C'était bidon? Non, . . .
5. Regarde cette chouette bagnole! Tu penses que le mec est fauché? Non, . . .
6. Qu'est-ce que tu fais au bureau, toute la journée? Tu rigoles? Non, . . .

Ces images vous parlent. Répondez-leur . . .

1. (*L'homme aux clefs d'or*, avec Pierre Fresnay)
Décrivez la scène que vous voyez. Quelles questions pose le directeur?
Quelles sont les réponses de ces jeunes gens, qui sont probablement des étudiants?

2. (*La traversée de Paris*, avec Jean Gabin)
De l'argent qui change de mains, à Paris. Pourquoi: Est-ce un paiement
pour des marchandises? pour un service? Est-ce une transaction honnête?
Imaginez la conversation entre les deux messieurs.

3. *(Le jardinier d'Argenteuil,* avec Jean Gabin)
Mon dieu! Des gens qui jettent des billets de banque! Qui les jette, à votre avis, le monsieur ou la dame? Pourquoi? Et quelle est leur conversation?

4. *(Le jardinier d'Argenteuil,* avec Jean Gabin)
Ce sont les mêmes personnages que sur la photo 3. Maintenant, ils comptent de l'argent. D'où vient cet argent? Comment l'ont-ils obtenu: Honnêtement, ou par un autre moyen?) Qu'est-ce que la dame dit? Qu'est-ce que le monsieur lui répond?

5. (Elise, ou la vraie vie)
Ce jeune couple a des problèmes qui ont l'argent à leur racine. Imaginez quelle sorte de problèmes et proposez une solution.

6. (Je vous aime, un film de Claude Berry, avec Isabelle Lacamp)
Une table de jeu dans un casino. Pensez-vous que le jeu enrichit ou appauvrit le joueur? Pourquoi? Décrivez cette scène, et imaginez qui la croupière regarde, et pourquoi?

DIXIÈME LEÇON

En dehors de la réalité

Les films d'épouvante • Le surnaturel • Les fantômes • Les OVNI • La téléphathie • L'astrologie • La prédiction de l'avenir

(La Boum)
Ces enfants ont vu quelque chose d'extraordinaire, mais qui ne les effraie pas. Au contraire, ils ont l'air ravi. Qu'ont-ils vu?

DIXIÈME LEÇON

En dehors de la réalité

Les films d'épouvante • Le surnaturel • Les fantômes • Les OVNI • La téléphathie • L'astrologie • La prédiction de l'avenir

Voilà l'usage:

Êtes-vous fatigué de la réalité? La trouvez-vous monotone? Cherchez-vous à y échapper? C'est pour cela que les films **d'épouvante** ont beaucoup de succès. On y voit des crimes **affreux,** des situations terrifiantes. On a peur. On tremble. On crie. On ferme les yeux pendant les **pires** moments. . . mais on retourne au cinéma grand l'**affiche** annonce un autre film d'épouvante. *Frankenstein* était le prototype de ce genre de films, mais on a fait beaucoup mieux depuis dans le domaine de l'épouvante.

Et puis, il y a les films, les programmes de télé et les livres où on voit des **fantômes** sortir de leur tombe et des maisons hantées. Bien sûr, vous ne croyez pas aux fantômes, mais . . . en avez-vous peur?

Vous êtes rationnel(le) et vous savez qu'il y a de bonnes raisons d'avoir plus peur des vivants que des morts. Mais, il y a toujours un petit doute, n'est-ce pas? Est-ce un

Maintenant, la question:

Pourquoi est-on quelquefois fatigué de la réalité? (L'êtes-vous personnellement maintenant?)

Y a-t-il d'autres raisons de regarder des films d'épouvante au cinéma ou à la télévision?

Iriez-vous vous promener seul(e) la nuit dans un cimetière? Passeriez-vous la nuit, seul(e), dans une maison qui a la réputation d'être hantée? Pourquoi?

Essayez de répondre à cette question: **Souhaitez**-vous que le supernaturel existe?

désir que ce soit vrai or une **crainte** ^(fear) réelle?

Les **OVNI** (Objets Volants Non Identifiés)[1] ont des périodes de popularité et d'autres pendant lesquelles on n'en entend plus parler. Ce seraient des **navires spatiaux** ^(ship) venus d'autres planètes. Leur **équipage** est composé d'**êtres** ^(beings) bizarres, qui sont très différents de nous, mais qui nous ressemblent étrangement. (Vous avez sûrement vu des films où il y a des personnages venus de l'espace.) Ils ont un visage, différent, oui, mais un visage, des mains et des émotions qui ressemblent aux nôtres.

Il y a des gens un peu fous qui ont vu des OVNI et qui font des récits extravagants de leurs aventures, et d'autres, beaucoup plus **sensés,** comme des pilotes de ligne, qui affirment aussi avoir rencontré des OVNI.

La télépathie, c'est la communication à distance entre votre **esprit** et celui d'une autre personne. **A-t-elle lieu** parfois? Voilà **ce qui m'est**[2] **arrivé** il y a quelques années: Je vivais aux États-Unis, mais ma mère vivait en France. C'était une dame âgée, mais en très bonne santé. Elle était seulement un peu **sourde,** ^(deaf) alors, je ne lui téléphonais jamais. Je lui écrivais régulièrement et s'il y avait quelque chose d'urgent à dire, je téléphonais à mon frère, qui habite tout près d'elle et la voyait tous les jours.

Croyez-vous aux OVNI? Qui connaît quelqu'un qui a vu un OVNI?

Comment peut-on expliquer le phénomène des OVNI?

Pensez-vous qu'il y a une vie intelligente sur d'autres planètes? Pourquoi?

(Si oui,) pensez-vous que ces êtres sont comme nous ou complètement différents?

Expliquez «complètement différents».

Croyez-vous aux OVNI? Pourquoi?

Croyez-vous à la télépathie?

Avez-vous eu des communications qui étaient probablement télépathiques? (Ou connaissez-vous quelqu'un. . .?)

---

[1] OVNI: On écrit aussi Ovni.

[2] C'est l'auteur qui parle pour raconter une aventure personnelle.

Un matin, **je me suis réveillée** très tôt, avec un sentiment d'angoisse et d'urgence. Il fallait faire quelque chose vite, mais quoi? Sans savoir pourquoi, mais **affolée,** j'ai composé le numéro de ma mère en France et le téléphone a sonné. Mon frère a répondu: «Allô?». J'ai dit: «Maman?» et il a répondu: «Maman vient de mourir **subitement,** il y a trois minutes. Pourquoi lui téléphones-tu?». Je ne le savais pas **alors,** et je ne le sais pas maintenant.

Mais je sais qu'il y avait un message **dont** l'origine était obscure et **dont** l'urgence était claire. Est-ce une coïncidence? Est-ce une manifestation de télépathie? J'y pense souvent, mais je n'ai pas de réponse.

Avez-vous une réponse? Quelle est votre opinion: télépathie ou coïncidence? Pourquoi?

L'astrologie est un autre moyen d'**évasion.** Croyez-vous vraiment à l'influence des **astres** sur votre personnalité et sur votre vie? Non, bien sûr, disent les gens sensés. Alors pourquoi demande-t-on: «Sous quel signe êtes-vous né(e)?» C'est parce qu'on pense trouver, dans l'horoscope de son signe, des indications sur ses goûts et ses désirs. Beaucoup de gens **portent** un **bijou** qui représente leur signe du zodiaque.

Croyez-vous à l'astrologie? Savez-vous quel est votre signe? Lisez-vous votre horoscope? Demandez-vous quelquefois aux gens quel est leur signe? Pourquoi?

Si quelqu'un que vous aimez vous donnait un signe du zodiaque en or, le porteriez-vous? Pourquoi?

L'astrologie permet, dit-on, de **deviner** votre avenir. Les journaux donnent, chaque jour, l'horoscope de chaque signe.

Lisez-vous l'horoscope? Pouquoi? Y a-t-il beaucoup de gens que le lisent? Pourquoi?

Il y a aussi de nombreuses **diseuses de bonne aventure** et **tireuses de cartes.** Elles regardent les lignes de votre main et elle lisent votre passé

Êtes-vous allé(e) chez une diseuse de bonne adventure? Si un ami disait «Viens avec moi», iriez-vous? Pourquoi?

et votre avenir. Elles ont un **don** de clairvoyance, disent les gens qui y croient. Non, disent les autres, elles ont un don d'observation et les remarques que vous faites et votre apparence leur indiquent quels sont vos **espoirs** et quelles sont vos craintes. . . Si elles vous tirent les cartes, elles vous diront de **vous méfier d**'un homme brun ou d'une femme blonde. . .

Ont-elles un don de clairvoyance ou un don d'observation? Pourquoi?

Est-ce que les informations reçues sont vagues ou spécifiques? Pourquoi?

Et avez-vous remarqué que ce sont le plus souvent des femmes qui diront votre bonne aventure? Pas des hommes. Mais peut-être que cela va changer.

Les femmes ont-elles un don particulier? Expliquez votre opinion.

Sujets d'exposés

Choisissez un sujet et préparez un exposé de trois minutes environ.

1. Imaginez un être venu d'une autre planète et qui ne nous ressemble absolument pas. (C'est peut-être une masse invisible d'électrons?) Employez votre imagination et ne lui donnez pas de pieds et de mains, même si c'est en nombre différent des nôtres.

2. Racontez une histoire dans laquelle vous ou quelqu'un que vous connaissez a eu une évidence de transmission de pensée ou télépathie.

3. Si c'était possible, aimeriez-vous savoir votre avenir? Quels sont les avantages et quels sont les inconvénients de la connaissance de l'avenir?

4. Votre signe du zodiaque. D'après ce signe, quelles sont vos qualités et quels sont vos défauts? Êtes-vous d'accord? Pourquoi?

5. Un bruit étrange dehors. Vous regardez par la fenêtre et . . . Surprise! Un OVNI est **en train d'atterrir** *(is landing)* devant votre fenêtre et des êtres étranges en sortent. Quelle est votre première émotion: peur? terreur? surprise. . . agréable? Et quelles sont vos actions dans les dix minutes qui suivent?

Polémique ou discussion

Les étudiants se divisent en groupe *pour* et en groupe *contre*. Ils préparent leurs arguments et les présentent avec vigueur et conviction. Quel groupe gagne? C'est celui qui a convaincu le «juge» (le professeur? un étudiant?)

Sujet numéro 1: La réalité.

a. Moi, je crois ce que je vois. Si je ne le vois pas, c'est parce que ça n'existe pas, parce que. . .

b. Beaucoup de choses invisibles existent sûrement, par exemple. . .

Sujet numéro 2: Les OVNI.

a. Il n'y a pas d'OVNI. C'est un figment de l'imagination des fous ou des charlatans, parce que. . .

b. Des gens très sensés ont vu des OVNI et leur existence est scientifiquement très probable, parce que. . .

Sujet numéro 3: L'évasion.

a. C'est très bon de s'évader un peu, d'échapper à la réalité. Il y a beaucoup de moyens pour ça. Par exemple,. . .

b. C'est dangereux de s'évader de la réalité. Il faut une vigilance constante, parce que. . .

Sujet numéro 4: La prédiction de l'avenir.

a. Oui, bien sûr, je crois aux prédictions de l'avenir. J'ai trouvé qu'elles se trouvent souvent confirmées par les événements. D'ailleurs,. . .

b. Absolument ridicule! Il ne faut pas croire ces charlatans. Leurs prédictions sont si vagues et si générales qu'elles s'appliquent à tout le monde et à n'importe qui. D'ailleurs,. . .

L'aventure du duc Thierry

Cette histoire est vraie. Elle a été racontée à l'auteur par le jeune duc Thierry de D., à qui cette aventure est arrivée quand il était enfant. À cette époque, c'est son père, mort depuis, qui portait le titre de duc.

La famille des ducs de D. habitait en Provence, dans un château millénaire. Le vieux duc était un homme bon, mais sévère, qui ne tolérait pas les faiblesses de caractère chez ses fils, et en particulier chez son fils Thierry, futur héritier du titre.

Un jour, le duc apprend que, dans un château de la région, on vendait certains meubles et des tableaux. Parmi ces tableaux, il y avait des portraits de gens qui étaient peut-être des ancêtres de la famille des ducs de D. Il décide donc d'aller à cette vente et il emmène son fils Thierry, âgé de douze ans. Les habitants du château reçoivent le duc et son fils à bras ouverts, les invitent à dîner. Pendant le dîner, l'hôte dit:

«Vous savez, les gens dont les portraits vous intéressent sont enterrés dans le cimetière du village. Je crois même que sur ces tombes, il y a des

épitaphes assez longues et intéressantes. Ces inscriptions vous rensei-
gneraient probablement sur leur identité et leur **parenté** avec votre famille.»

«Ah, répond le duc, mais c'est très bon à savoir! Il faut lire ces inscriptions.» Et il se tourne vers son fils:

«Thierry, dit-il, trouve une **lampe électrique,** un **calepin** et un crayon.
Demande aux domestiques de te prêter une bicyclette. Va au cimetière,
copie les inscriptions et reviens nous les montrer.»

Thierry espère qu'il n'a pas bien compris.

«Vous voulez dire, Papa, que j'irai au cimetière demain matin?»

«Non, dit le duc. Vas-y tout de suite. Allez, **dépêche-toi.**»

Il n'y a rien d'autre à faire qu'à obéir. **La mort dans l'âme,** Thierry trouve
les objets nécessaires, emprunte la bicyclette du jardinier et pédale vers
le cimetière. Là, règne le calme. . . de la mort. Pas de fantômes, les
tombes sont immobiles sous la lune. . . Retenant son souffle, Thierry
cherche les tombes en question et les trouve, groupées au milieu de cimetière.

Il **se penche** sur les inscriptions et il commence à copier, à la lueur
de sa lampe électrique: «**Ci-gît. . .**»

Soudain, il entend un bruit de pas derrière lui. Son cœur s'arrête.
Non, il ne se trompe pas, c'est bien un bruit de pas qui **crisse** sur le
gravier des allées du cimetière. Le bruit se rapproche. Thierry, **plus mort
que vif,** pense que la présence, **quelle qu'elle soit,** est juste derrière lui.
Avec un effort surhumain, il se retourne. Et il voit. . .

Debout à quelques mètres de lui, il voit une étrange apparition: le
visage **creux,** les yeux **enfoncés, le crâne rasé,** portant une sorte de
pyjama **rayé,** qui le regarde fixement. Thierry est presque paralysé par
la terreur, mais il trouve la force de **bégayer:**

«Euh. . . Excusez-moi, monsieur. Je. . . je regrette si **je vous ai
dérangé.** . . Je pars tout de suite. Excusez-moi.»

L'apparition reste immobile et ne répond pas. Alors, Thierry fait
deux pas **en arrière** et l'homme—si c'est un homme—fait deux pas **en
avant.** Thierry se retourne et commence à courir, l'autre se met à courir
derrière lui. Enfin, Thierry arrive le premier à la porte du cimetière, saute
sur la bicyclette, pédale furieusement et distance l'apparition. Le cœur
battant à se rompre, il arrive au château.

«C'est toi, Thierry?» dit le duc, se penchant à la fenêtre. Il a entendu
le bruit de la bicyclette dans la cour. «Viens nous dire ce que tu as trouvé.»

Thierry entre dans la grande salle à manger bien **éclairée,** où les
hôtes et son père sont en train de finir leur café.

Hors d'haleine et presque aussi terrifié de son père que de l'apparition, il explique que non, il n'a pas copié les inscriptions. Il raconte ce
qui s'est passé et ce qu'il a vu. Son père **le foudroie du regard.**

«Tu es un **menteur** et un **poltron.** Va te coucher. Nous parlerons de tout ça demain.»

Le lendemain, Thierry, qui a très mal dormi, descend et trouve son père installé sur la terrasse en train de prendre son petit déjeuner en lisant son journal. Il fait beau, le soleil brille. A-t-il rêvé? Enfin son père se retourne vers lui.

«Je **te dois** des excuses, Thierry, dit-il. Tu es peut-être un poltron, mais tu n'es probablement pas un menteur. Regarde.»

Une photo, en première page du journal local, montre l'homme d'hier. C'est un psychopathe, évadé de l'hôpital voisin. La police le recherche et indique qu'il a tendance à se cacher la nuit dans les cimetières. On l'a enfermé parce qu'il avait étranglé sa femme et ses trois enfants et il est considéré extrêmement dangereux.

Questions sur *L'aventure du duc Thierry*

1. Est-ce une histoire vraie ou imaginaire?

2. Est-ce vraiment une histoire de fantôme? Pourquoi?

3. Le vieux duc était-il indulgent? Pourquoi?

4. Pourquoi le duc était-il particulièrement sévère avec Thierry?

5. Dans quelles circonstances Thierry et son père vont-ils à ce château voisin?

6. Pourquoi le père envoie-t-il Thierry au cimetière?

7. Quelle est la réaction de Thierry devant cet ordre? Quelle serait la vôtre?

8. Pourquoi Thierry obéit-il? Feriez-vous la même chose si on vous donnait le même ordre? Pourquoi?

9. Il trouve les tombes. Et puis, qu'est-ce qu'il entend?

10. Aviez-vous peur en lisant ce passage? Pourquoi?

11. Qu'est-ce que Thierry voit alors derrière lui?

12. Même dans ces circonstances terrifiantes, Thierry montre sa bonne éducation. Comment?

13. Que fait Thierry? Que fait alors l'apparition?

14. Quelle est l'atmosphère dans la salle à manger, en contraste avec la terreur de Thierry?

15. Le duc croit-il l'histoire de son fils? Qu'est-ce qu'il pense probablement?

16. Le lendemain, pourquoi le duc fait-il ses excuses à son fils?

17. Est-ce que la terreur de Thierry était justifiée? Expliquez.

18. Que pensez-vous des méthodes d'éducation du vieux duc?

Remarques et répliques

Répondez dans l'esprit du texte.

1. LE VIEUX DUC: Thierry, veux-tu venir avec moi à ce château? Je
t'invite parce que tu es l'aîné. . .
THIERRY: . . . . . .

2. *Au château, pendant le dîner.*
LE VIEUX DUC: Thierry, trouve un calepin et une lampe électrique et
va au cimetière. . .
THIERRY: . . . . . .

3. THIERRY: Papa, j'ai une meilleure idée. Si j'allais au cimetière demain
matin, je pourrais lire les inscriptions plus facilement. . .
LE DUC: . . . . . .

4. Thierry pédale vers le cimetière. Qu'est-ce qu'il pense?

5. LE JARDINIER (dans la cour du château, à Thierry) Déjà de retour!
Mais. . . Vous êtes hors d'haleine? Qu'est-ce qu'il y a?
THIERRY: . . . . . .

6. LE DUC: Ah, c'est bien. Tu as fait vite. Lis-nous ces épitaphes.
THIERRY: . . . . . .

7. LE DUC: Tu es un poltron et un menteur!
THIERRY: . . . . . .

8. *Le lendemain matin.*
LE DUC: Regarde le journal, Thierry. Je te dois des excuses. Tu n'es
pas un menteur. Mais tu es un poltron.
THIERRY: . . . . . .

On appelle la police. La police arrive et arrête le psychopathe.

9. LE GENDARME: Mais Monsieur le Duc, qu'est-ce que votre fils faisait
au cimetière, à onze heures du soir?
LE DUC: . . . . . .

10. LE GENDARME: Monsieur le Duc, avez-vous étudié les principes con-
temporains d'éducation des enfants?
LE DUC: . . . . . .

Conversations suggérées

1. *Quel film allons-nous voir?* Vous suggérez un film d'épouvante. (Nommez-en un vous en avez vu). Objections de l'autre. Vous insistez et vous essayez de lui donner envie de voir ces horreurs. Réaction de l'autre. Conclusion: Où allez-vous?

2. *Le duc et le psychologue pour enfants.* C'est une conversation entre le duc qui expose ses principes d'éducation et le psychologue qui n'est pas d'accord et lui donne des conseils différents.

3. *Chez la diseuse de bonne aventure.* Une étudiante sera la diseuse de bonne aventure. Elle lira les lignes de la main d'un(e) autre étudiant(e) et lui prédira son avenir.

4. *Vous rencontrez un habitant d'une autre planète.* Conversations. Quelles questions vous pose-t-il et quelles questions lui posez-vous?

ALLÔ! RÉPONDEZ AU TÉLÉPHONE!

Un OVNI dans mon jardin!

Dans un poste de police. Il est tard et tout est tranquille. L'agent **de service** est assis à son bureau, vaguement lisant des rapports de police. Soudain, le téléphone sonne.

L'AGENT: Ici, Poste 215.

VOIX AU TÉLÉPHONE: *(très agitée)* . . . . . .!

L'AGENT: Calmez-vous, calmez-vous. . . Qu'est-ce qu'il y a?

VOIX: . . . . . .!

L'AGENT: Vous avez vu un OVNI? Où?

VOIX: . . . . . .!

L'AGENT: Dans votre jardin! Mais où habitez-vous?

VOIX: . . . . . .

L'AGENT: Bon. Ce n'est pas loin. J'envoie une voiture de Police-Secours. Pouvez-vous me faire une description de cet OVNI?

VOIX: . . . . . .!!!!

L'AGENT: Ah, je vois. . . Mais calmez-vous, cet OVNI a peut-être des intentions amicales. Non, ce n'est pas affreux. Y a-t-il des passagers?

VOIX: . . . . . .!!!!!

L'AGENT: Ah, ah, il y a des passagers d'apparence extra-terrestrielles. Qu'est-ce qu'ils font?

VOIX: . . . . . .

L'AGENT: Vous dites qu'ils sortent de leur vaisseau et qu'ils s'avancent dans votre direction. N'ayez pas peur, une voiture de Police-Secours sera là dans cinq minutes.

VOIX: . . . . . .

L'AGENT: Quoi? Ils indiquent qu'ils désirent vous emmener avec eux? Essayez de gagner du temps. Est-ce que votre porte est fermée: Et les fenêtres?

VOIX: . . . . . .

L'AGENT: Quoi? Ils ont l'air sympathique? Vous ouvrez votre porte? Mais c'est dangereux. Attendez Police-Secours.

VOIX: . . . . . .

L'AGENT: Non, il ne faut pas aller avec eux. Il ne faut jamais sortir avec des gens qu'on ne connaît pas. . . même s'ils ont de bonnes vibrations. Allô? Allô? Allô? Où êtes-vous? Ah,. . . Ah, oui?

AUTRE VOIX: *(très étrange, probablement celle d'un des passagers de l'OVNI)* . . . . . .

PARLEZ AVEC LES JEUNES

Quelques termes du français familier

la peur	la frousse
avoir peur	avoir la frousse,
être inquiet (inquiète): Il était très inquiet.	ne pas en mener large: Il n'en menait pas large.
partir en courant	se barrer
protester	rouspéter
se plaindre	râler
s'évanouir	tomber dans les pommes
un révolver	un pétard

A. *Remplacez les termes indiqués par un terme du français familier (de cette leçon ou d'une leçon précédente).*

1. Quand j'ai entendu ce bruit, j'*étais très inquiet. J'ai peur,* seul, la nuit.
2. Il était *au lit*. Il a entendu un bruit et un *type* est entré, avec un *révolver* à la main. Il *s'est* presque *évanoui,* mais c'était une *plaisanterie* de ses copains!
3. Thierry ne *proteste* pas, il ne se *plaint* pas. Il sait que son père est *très* sévère. Il prend un *bicyclette,* mais *il est très inquiet.*
4. *Sérieusement!* J'ai vu un OVNI, mais *je suis parti en courant.*
5. *Sérieusement?* Tu *as peur,* quand tu vois un film d'horreur à la *télévision* ou au *cinéma?*
6. Thierry a vu un *type* avec un pyjama rayé. Alors, il *est parti en courant.* Pensez-vous qu'il était *fou?* Avait-il raison d'avoir peur?
7. Ne raconte pas ces histoires de fantômes. Les *enfants* vont *avoir peur.*

B. *Racontez l'histoire de Thierry en employant une quantité de termes du français familier (par exemple: un gamin, une bécane, vachement, rigolo, un gueuleton, un mec, avoir la frousse, ne pas en mener large, un pétard, cinglé, débile, etc.).*

1. (*La route joyeuse,* un film de Bernard Fossey)
Que font ces enfants dans cette église? Pourquoi touchent-ils leur oreille?
Posez-leur trois questions et imaginez leurs réponses.

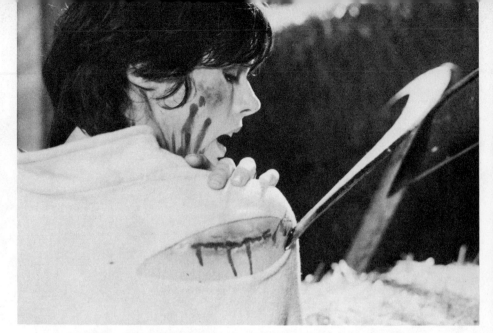

2. (*Le démon dans l'île*, un film de Francis Leroy)
Quelle horreur! C'est une terrible blessure. Imaginez cette scène dans un film d'épouvante. Où est cette femme? Qu'est-ce qui lui cause cette terrible blessure? Qu'est-ce qu'elle crie?

3. (*Les hommes préfèrent les blondes*)
Ces deux femmes ont vu quelque chose en dehors de la réalité. Imaginez ce que c'est et ce qu'elles disent.

4. (*La soupe aux choux,* un film de Jean Girault, avec Louis de Funès)
C'est le même personnage que dans la photo numéro 5. Mais maintenant, regardez ce que cet homme a trouvé. Décrivez la scène. Que dit chacun des trois personnages?

5. (*La soupe aux choux,* un film de Jean Girault, avec Louis de Funès)
Le regard étrange de cet homme indique qu'il ne prépare pas une boisson ordinaire . . . Qu'est-ce qu'il prépare? Et pour quoi faire? Si vous arrivez sur les lieux pendant cette scène, quelles questions lui poserez-vous? Boirez-vous cette étrange potion? Pourquoi?

6. *(Meurtres à domicile, un film de Marc Lobet, avec Anny Duperey et Bernard Giraudeau)*

   Quelle étrange lumière! Que fait cet homme? Où va-t-il? Avez-vous peur de lui? Pourquoi? Quelles questions lui posez-vous?

7. *(Possession)*

   Ce couple regarde le revolver d'un air étrange, qui n'indique pas la peur. Mais qu'est-ce qu'il indique? Supposez que c'est vous qui tenez ce révolver. Qu'est-ce que vous leur dites? Et qu'est-ce qu'ils vous répondent?

Lexique

Français-anglais

Words identical in French and English, or with almost identical spelling and the same meaning, as well as basic words normally learned in first-year French, have been omitted.

fam. (familiar) indicates words that are so commonly used in everyday language that they are no longer considered slang.

sl. (slang) indicates words that, although frequently used, are still considered slang.

A

abonnement *m.* subscription
abord: d'— first of all, at first
accord *m.* agreement; **d'—** (or **dac**) OK, all right; **être d'—** to be in agreement
accoutumance *f.* addiction
accroissement *m.* increase
accru(e) increased
achat *m.* purchase
action *f.* action; share of stock
actualité *f.* current events, what is happening now
addition *f.* bill
affaire *f.* deal; **les —s** business; **voyage d'—s** business trip; **mes —s** my things, my belongings
affiche *f.* poster, theater bill
affolé(e) frantic
affreux (affreuse) awful
âge *m.* age; **de votre —** your own age; **avoir l'— de,** to be old enough to
âgé(e) old, aged
agence *f.* agency; **— de location** rental agency; **— immobilière** real estate agency
agréable pleasant, nice
aïe! ouch!
ailleurs elsewhere; **d'—** besides, anyway, in any case
aimer to love, to like; **— bien** to like, to

be fond of, to have affection for; **— mieux** to prefer
aîné(e) older brother or sister, older son or daughter
air *m.* air; **avoir l'—** to seem, to look; **au grand —** in the wide-open spaces; **en plein —** in the open; **marché en plein — open-air market
ajouter to add
alcool *m.* alcohol
aligné(e) lined up
aliment *m.* foodstuff
alimentation *f.* feeding; nutrition; food department; food store
aller to go; to be going to; **Quand allez-vous recevoir votre diplôme?** When are you going to graduate? **Comment allez-vous?** How are you? **Cette coiffure vous va bien** This hairstyle is becoming to you
alliance *f.* wedding ring; alliance
alors then, so, therefore
amande *f.* almond; **—s effilées** slivered almonds
ambiance *f.* atmosphere
âme *f.* soul
améliorer to improve
amende *f.* fine
ami(e) friend; **petit —** boyfriend; **petite —** girlfriend
amical(e) friendly

amitié *f.* affectionate or friendly relationship

amour *m.* love

amoureux (amoureuse) in love; **être —** to be in love; **tomber —** to fall in love

amoureux (amoureuse) lover

amusant(e) fun, funny, amusing

amuser to amuse, to entertain; **s'—, bien s'—** to have a good time

an *m.* year; (calendar year, used after a number; **un an, deux ans), tous les —s** every year

ananas *m.* pineapple

ancien(ne) antique

ange *m.* angel

Angleterre *f.* England

angoisse *f.* anguish

année *f.* year, course of a year; **toute l'—** all year round, all year long

anniversaire *m.* birthday, anniversary

annonce *f.* announcement, advertisement; **petites —s classés** classified ads; **— matrimoniale** ad placed by someone seeking a spouse (not a wedding announcement)

apéritif *m.* before-dinner drink; the time of day when it is served

appareil *m.* device, machine, appliance; telephone; camera; **Qui est à l'—?** Who's on the phone? **— ménager** household appliance; **—photo (graphique)** camera

appauvrir to make poor(er)

appeler to call; **s'—** to be called; **je m'appelle** my name is

apprendre (*pp,* **appris**) to learn, to teach

après after, following; **d'—** according to; **— tout** after all; **— quoi** following which

argent *m.* money, silver; **de l'—** some money; **— liquide** cash; **— de poche** pocket money

argenterie *f.* silverware

arme *f.* weapon

armé(e) armed

arranger to fix; **s'—** to come to terms, to manage

arrestation *f.* arrest

arrêter to stop, to arrest

arrière *f.* rear; **en —** backwards; **la marche —** reverse gear; **le siège (or la banquette) —** the rear seat

arriver to arrive; to happen

arrondissement *m.* administrative district (in Paris)

arroser to water, to sprinkle; to celebrate (with a drink)

artichaut *m.* artichoke

as *m.* ace; **être plein aux —** *fam.* to have plenty of money

ascenseur *m.* elevator

asperges *f.pl.* asparagus

aspirateur *m.* vacuum cleaner; **passer l'—** to vacuum

assaisonner to season

assassinat *m.* assassination

asseoir to sit; **assieds-toi** sit down

assez enough; fairly; **j'en ai —** I've had it, I'm fed up; **— bien** fairly good

assis(e) sitting, seated

assistance *f.* audience

assorti(e) matching

astre *m.* star; **les —s** heavenly bodies

attendre to wait

atterrir to land

attirant(e) attractive, seductive

attirer to attract

attrait *m.* attraction

aubergine *f.* eggplant

aucun(e) no, none, none whatever

audacieux (audacieuse) bold, daring

au-dessous beneath, underneath

au-dessus above

augmentation *f.* raise (in pay), increase

augmenter to increase

autant as much, as many, as well; **j'aime —** I'd just as soon

auto *f.* car; **—école** driving school

autobus *m.* bus (city bus)

autocar *m.* touring bus

autogestion *f.* self-management

autoroute *f.* freeway

autre other; **les —s** others, other people; **— chose** something else

autrefois formerly, in the past

autrement otherwise, differently

avance *f.* lead; **à l'—** ahead of time

avancé(e) advanced; **si —(e) pour son âge** so far ahead of his (her) age group

avant before; **en —** forward; **à l'—** in the front; **le siège (or la banquette) —** the front seat

avare stingy

avenir *m.* future; **à l'—** in the future

avertir to warn

avertissement *m.* warning

avion *m.* airplane; **par —** by plane; via air mail

avis *m.* opinion; **à mon —** to my mind

avocat(e) *m.* lawyer

avoir to have (*pp.,* **eu**); **j'en ai assez** I've had it, I'm fed up; **on en a pour la journée** it's going to take all day; **— lieu** to take place; **je n'ai pas eu le temps** I didn't have the time; **il y a** there is, there are; **il y a deux ans** two years ago

avortement *m.* abortion

B

bagages *m., pl.* luggage, baggage; **faire ses —** to pack; **excédent de —** excess baggage

bagnole *f., fam.* car, heap, wheels
bague *f.* ring; —**de fiançailles** engagement ring
baignoire *f.* bathtub
baisser to lower
balade *f., fam.* walk, drive, ride
balèze *sl.* strong, well muscled
balle *f.* ball; *fam. franc* used like *buck* for *dollar:* (**dix balles** ten francs, **cent balles** a hundred francs)
banlieue *f.* suburb
barbe *f.* beard; **la —** *fam.* a bore
se barrer *sl.* to take off, to leave, to get out
bas(se) low; **au — mot** at the minimum
bataille *f.* battle
bateau *m.* boat, ship
bâti(e) built
battre to beat; **— les blancs en neige** whip the egg whites into a meringue
battu(e) beaten, defeated
beau bel before a vowel) (**belle**) beautiful, handsome, fair
beau-frère *m.* brother-in-law
beau-père *m.* father-in-law, step-father
beauté *f.* beauty; **produit de —** cosmetic; **être en —** to look one's best
bécane *f., fam.* bike
becqueter *sl.* to eat
bégayer to stammer
belle-mère *f.* mother-in-law, step-mother
«**Belles de nuit**» (film title) *Ladies of the Night*
besoin *m.* need; **avoir —** to need
bête *f.* beast. animal; *sl.* stupid; **petite —** bug, insect
beurre *m.* butter
beurrer to spread with butter
bibelot *m.* knick-knack
bidon *m.* jerrycan; *fam.* easy; **un cours —** a Mickey Mouse course
bien well, quite; **je comprends —** I quite understand; **je veux —** I am willing, I'll be glad to; **eh —!** well!
bien *m.* good; **le — et le mal** good and evil
bien-être *m.* well-being
bienvenue *f.* welcome
bière *f.* beer
bijou *m.* jewel, piece of jewelry
billet *m.* bill, banknote, ticket
blague *f., fam.* joke; **sans —?** no kidding!
blanchisserie *f.* laundry; **— (or laverie) automatique** laundromat
blessé(e) wounded
blessure *f.* wound
bœuf *m.* beef, ox
boire to drink (*pp.* **bu**); **Il buvait comme un trou** He was drinking like a fish (literally, like a hole)
boisson *f.* beverage, drink; **— gazeuse** carbonated drink

boîte *f.* can, box
bol *m.* bowl
bombardement *m.* bombing
bon(ne) good; **— marché** cheap, inexpensive
bonheur *m.* happiness
bosser *fam.* to work hard
boucherie *f.* butcher meat; butcher shop
bouder to pout, to sulk
bouffe *f., sl.* food
bouffer *sl.* to eat
bougie *f.* candle
bouillir to boil
boulangerie *f.* bakery
boulonner *fam.* to work hard
boulot *m., fam.* work, job
boum *f., sl.* (of the 1960s) party
Bourgogne *f.* Burgundy (a province); **bourgogne** *m.* Burgundy wine
Bourse *f.* Stock Market; **cours en bourse** closing average
bout *m.* end, tip, piece
bouteille *f.* bottle
bouton *m.* button, switch, knob
bras *m.* arm: **à — ouverts** with open arms
briller to shine
brioche *f.* a French breakfast roll
bronzer to tan
bruit *m.* noise, sound
brûler to burn
brun(e) brown; dark-haired, brunette, tanned
bureau *m.* office; den; desk
but *m.* goal, aim
buveur *m.* drinker

C

ça that; **comme —** like that, that way; **ça va?** How are you? How are things? **— va, — va** OK, OK; **— ira** it will be all right; **ça vient?** Is it coming? **— doit être** it must be; **— devrait être** it ought to be
caché(e) hidden
cacher to hide
cachette *f.* hiding place; **en —** on the sly
cadeau *m.* gift, present
cadet(te) *m.* younger brother (younger sister)
cafard *m.* cockroach; **avoir le —** *fam.* to be depressed, to feel low
caisse *f.* cash register; «**La grosse caisse**» (film title) *The Big Money*
calepin *m.* notebook
camarade *m. or f.* friend, buddy, comrade, mate; **— de chambre** roommate; **— d'école** schoolmate, school friend
cambriolage *m.* burglary
cambrioleur *m.* burglar
campagne *f.* countryside, country; **cam-**

paign; — **électorale** electoral campaign
canapé *m.* couch, sofa
canard *m.* duck
caneton *m.* duckling
cannelle *f.* cinnamon
car for, because
car (short for **autocar**) *m.* touring bus
caractère *m.* disposition, temper; **avoir bon —** to have a good disposition **avoir mauvais —** to have a bad disposition
caravane *f.* mobile home, trailer
carré(e) square
carte *f.* map; card; **— de crédit** credit card
casque *m.* helmet «**Casque d'or**» (film title) *Golden Head* (the heroin has blond hair)
casquette *f.* flat-visored cap
casse-croûte *m.* snack
casse-pieds *m., fam.* pain in the neck, pest
casser to break
casserole *f.* pot; **les —s** pots and pans
cause *f.* cause; **à — de** on account of, because of
causer to converse, to talk with someone
cave *f.* cellar
ceinture *f.* belt; **— de sécurité** safety belt
célèbre famous
célibataire *m.* or *f.* single person, bachelor
celui (**celle, ceux, celles**) the one, that one (those); **— qui** the one that; **celui-là** (**celle-là, ceux-là, celles-là**) that one (those)
cesser to stop
chacun(e) each, each one
chaîne *f.* chain; TV channel
chambre *f.* bedroom
champ *m.* field; **— de bataille** battlefield
chance *f.* luck; **tu as de la —** you are lucky
changement *m.* change
chanter to sing
chaque each
charcuterie *f.* pork butcher's shop, delicatessen
charger to load; **s'en —** to take charge; **je m'en charge** I'll take care of it, that's my job
charlatan *m.* charlatan, quack
châtain(e) brown-haired
châtiment *m.* punishment
chaud(e) hot
chauffage *m.* heating
chaussure *f.* shoe
chauve bald
chef *m.* boss, leader, head
chemin *m.* track, path, way; **hors des —s battus** off the beaten track
chemin de fer *m.* railroad
chèque *m.* check
cher (**chère**) expensive, dear
chercher to seek, to look for
chéri(e) darling, sweetheart, honey

cheval (*pl,* **chevaux**) *m.* horse; **faire du —** to go horseback riding; **— vapeur** (**CV**) horsepower (hp)
chevet *m.* head of the bed; **lampe de —** bedside lamp
cheveux *m.pl.* hair (on the head), head of hair
chez *(moi, toi, lui, elle, soi, nous, vous, eux, elles)* at the home of; at the establishment of; **— ma tante** at my aunt's; **— le boucher** at the butcher's (shop)
chien *m.* dog
chirurgien *m.* surgeon; **— esthétique** plastic surgeon
choix *m.* choice
choisir to choose, to pick
chose *f.* thing; **autre —** something else; **quelque —** something; **pas grand- —** not much
chou *m.* cabbage; **mon —** honey (a term of endearment); **— à la crème** cream puff
choucroute *f.* sauerkraut; **— garnie** sauerkraut with an assortment of smoked meats and sausages
chouette *f.* owl; *fam.* nice, great, good-looking; **Le prof de français est chouette** The French teacher is nice (or attractive)
ci-gît here lies
cimetière *m.* cemetery
cinglé(e) *fam.* crazy, touched in the head
circulation *f.* traffic, circulation
ciseaux *m.pl.* scissors
citoyen(ne) citizen
clair(e) bright, light
clairière *f.* clearing in a forest, glade
clé, clef *f.* key; **fermer à —** to lock «**L'homme aux clés d'or**» film title *The Man with the Golden Keys*
clou *m.* nail; **— de girofle** clove
cœur *m.* heart; **parler à — ouvert** to have a heart-to-heart talk
coffre *m.* car trunk
se coiffer to fix one's hair
coiffeur (**coiffeuse**) hairdresser, barber; **chez le —** at the beauty salon, at the barbershop
coiffure *f.* hairstyle
coin *m.* corner
colère *f.* anger; **être en —** to be mad; to be angry; **se mettre en —** to get mad, to become angry
collant *m.* pantyhose
collègue *m.* or *f.* colleague
combat *m.* battle, fight
combattant(e) fighter
combiné de camping *(fam.,* **combi***)* *m.* van
comme like, as, for; **— dessert** for dessert; **— ça doit être** it must be so. . . **— c'est gentil** How nice!

comment how

commode *f.* chest of drawers, bureau

commun(e) common, ordinary

complot *m.* plot, conspiracy

comploter to plot, to conspire

composer to compose; — **un numéro** to dial a number

compris(e) included; understood

comptant: **payer** — to pay cash

compte *m.* account; checking — **courant** account; — **d'épargne** savings account

compte-rendu *m.* account, report

conciliant(e) conciliatory, easy-going, willing to compromise

conducteur (conductrice) driver

conduire to drive; **se** — to behave

conduite *f.* behavior

confiance *f.* trust; **avoir** — to trust

confiture *f.* jam, preserves

connaissance *f.* acquaintance, person one knows; **faire** — to meet, to become acquainted

connaître to know, to be acquainted with; **se** — to know oneself; to know each other

conseil *m.* advice, piece of advice

conseiller to advise

content(e) glad, satisfied

contre against; **par** — on the other hand, on the contrary

se contrôler to exercise self-control

convaincre to convince

copain (copine) buddy, friend, pal

coq *m.* rooster; — **au vin** chicken cooked in wine

coquillage *m.* seashell, shellfish

cordon bleu *m.* an excellent cook, a fine chef

corps *m.* body

corriger to correct, to rehabilitate

corvée *f.* chore

Côte d'Azur *f.* the French Riviera

côté *m.* side; **de** — aside

côtelette *f.* chop

coup *m.* blow; — **de téléphone** *(fam.,* — **de fil)** phone call; — **de foudre** bolt of lightning; **avoir le** — **de foudre** to fall in love at first sight; **boire un** — to have a drink; **donner un** — **de main** to lend a hand

couper to cut; **se faire** — **les cheveux** to get a haircut

cour *f.* courtyard

courant running, current; **au** — informed, up-to-date; **partir en** — to run away

courir to run; — **des risques** to take chances

courrier *m.* mail

cours *m.* course, class; — **en bourse** closing stock average

course *f.* race; errand; **faire des** — to run errands

court(e) short

coussin *m.* pillow

couvert *m.* table setting; **mettre le** — to set the table

crainte *f.* fear

crédit *m.* credit; **acheter à** — to buy on credit; **carte de** — credit card

crème *f.* cream; — **de cassis** black-currant liqueur; — **renversée** upside-down caramel custard

crèmerie *f.* dairy shop

creux (creuse) hollow

crevette *f.* shrimp

crier to cry out, to shout, to scream

crise *f.* crisis, emergency; **une** — **de nerfs** a nervous fit; **la** — the current crisis (economic, political, etc.)

crisser to squeak, to grate

croire *(pp., cru)* to believe, to think; **je ne crois pas** I don't think so; **Qui l'aurait cru?** Who would have believed it?

croissant *m.* crescent roll

croupier (croupière)* dealer in a casino

croustillant(e) crusty

cru(e) raw, uncooked

crustacé *m.* shellfish

cuillère *f.* spoon

cuillerée *f.* spoonful

cuire to cook; **faire** — to cook

cuisine *f.* cooking, cuisine; kitchen; **faire la** — to cook

cuisinière *f.* cook, chef, stove, range

cuisson *f.* cooking

cuit(e) cooked; **pas trop** — not overdone

D

d'abord first of all, at first

d'ailleurs anyway, in any case

dans in

d'après according to

débarrasser to rid; **se** — **de** to get rid of; — **la table** to clear the table

débile weak; *fam.* weak in the head, dummy

debout standing

décalage horaire *m.* jet lag

décoloration *f.* bleach

découverte *f.* discovery

décrire to describe

déçu(e) disappointed

dedans inside, within

défaut *m.* fault, defect

---

* The term **croupière** acquired legal status in France in 1984 with the licensing of the first women dealers.

défendre to forbid; to defend
défendu(e) forbidden; defended
défense *f.* prohibition; — **de fumer** no smoking; — **d'entrer** do not enter, keep out; — **d'afficher** post no bills
dégâts *m.pl.* damage
déguster to taste, to savor
dehors outside; **en** — **de** outside of, aside from
déjeuner *m.* lunch, midday meal; **petit** — breakfast
déjeuner to have lunch; to have breakfast
demande *f.* application, proposal; — **en mariage** marriage proposal
demander to ask; **se** — to wonder
déménager to move, to move out
demeurer to reside, to stay
démon *m.* devil, demon; «Le démon dans l'île» (film title) *Devil in the Island*
dent *f.* tooth; **mordre à pleines —s** to take a big bite
se dépêcher to hurry; **dépêche-toi!** hurry! hurry up!
dépendance *f.* dependency, addiction
dépens *m.* expense; **à vos** — at your own expense
dépenser to spend
dépensier (dépensière) spender, spendthrift
déprimé(e) depressed, low
depuis since; for; **qui dure** — **des mois** that has been going on for months; **je suis ici depuis deux ans** I've been here for two years
déranger to disturb; **ne vous dérangez pas** don't bother
dernier (dernière) last; **ce** — the latter
derrière behind, in back, in the rear
désagréable unpleasant
désespérer to dispair
descendre to come down, to go down, to descend; — **du train** to get off the train; — **dans un hôtel** to stay in a hôtel
déshérité(e) underprivileged
désordonné(e) messy, untidy
désordre *m.* disorder; **en** — in a mess
dessus on top of; over; **au** — above
détendre to relax
dette *f.* debt
deuxième second; **au** — **étage** on the third floor
devenir to become
deviner to guess
devoir *(pp. dû)* to owe; must; **je te dois des excuses** I owe you an apology; **il doit faire froid** it must be cold; **je devrais** I ought to; **j'aurais dû** I ought to have, I should have
devoir *m.* duty; **les** — homework
devrait should, ought to

dieu *m.* God; **mon** — goodness! — **merci!** thank God!
dimanche *m.* Sunday
diminuer to decrease
dinde *f.* turkey hen; **petite** — *fam.* silly goose, dummy
dîner *m.* dinner
dîner to dine, to have dinner
diplôme *m.* diploma, degree; **avoir** (or **recevoir**) **son** — to graduate
discorde *f.* discord, disagreement
discours *m.* speech, address
dis donc! say! by the way
diseuse de bonne aventure *f.* fortuneteller
disparate unmatched, odd
disponible available
se disputer to argue, to fight
distraction *f.* source of entertainment, amusement
distrait(e) absentminded
distribuer to distribute, to apportion
distributeur automatique *m.* vending machine
doigt *m.* finger; **marcher au** — **et à l'œil** to toe the line «Que les gros salaires lèvent le doigt» *(film title) If You're in a High Salary Bracket, Raise Your Hand*
doit (from *devoir*) owes, must, has a duty to, probably
domestique *m.* or *f.* servant, household employee
don *m.* gift
donc so, therefore, thus
dont of which, of whom, whose
doré(e) gilt, golden brown
dormir to sleep
douane *f.* customs
doublé(e) dubbed
douche *f.* shower
douteux (douteuse) dubious, doubtful
doux (douce) soft, gentle, easy, mild
doyen(ne) dean; oldest person of a group
dresser to lift; to put up; — **une tente** to pitch a tent
drogue *f.* drug; **la** — drugs
droit *m.* right; law; taxes, fees; **la fac de** — law school; **le** — **commun** common law; **les —s d'inscription** registration fees
droit(e) straight; **tout** — straight ahead
droite right; **à** — on the right, to the right
drôle funny, strange; **un** — **de type** a queer duck, a character
dû(e) (pp of *devoir*) owed; **il aurait** — he should have
duc (duchesse) duke (duchess)
dur(e) hard
durer to last

E

eau *f.* water; — **courante** running water; **j'en ai l'**— **à la bouche** my mouth waters; — **minérale** mineral water; — **rougie** water "reddened" with wine

échapper to escape, to avoid

écharpe *f.* scarf; — **de fonction** sash of office

échelle *f.* ladder, scale; **sur une grande —** on a large scale

éclairé(e) lit up

école *f.* school; **auto —** driving school

économe thrifty

économies *f.pl.* savings, cutbacks; **faire des —** to save money, to cut back on expenses

Écossais(se) Scot

écosser to shell (peas, beans)

écouter to listen

éducation *f.* manners, breeding

effrayer to scare

égal(e) equal; even; **d'humeur —e** even-tempered

égalité *f.* equality, evenness

égoïste selfish

eh bien! well!

élevé(e) raised, bred; high; **mal —** ill bred, who has bad manners; **bien —** well bred, who has good manners; **un étage —** a high floor

élever to raise

élu(e) elected

embêtant(e) *fam.* annoying, boring, troublesome

embêter *fam.* to bore, to annoy; **s'—** to be bored, to be annoyed

embrasser to kiss; **vous vous —** to kiss each other

émission *f.* broadcast

emmener to take along (a person)

empoisonner to poison

emporté(e) carried away; — **comme ça!** passed away like that! (so suddenly)

emporter to take along (an object)

emprunter to borrow

en in; one (of those) **Tout le monde en a (un)** Everybody has one like it; — **ce qui me concerne** as far as I am concerned; — **vie** alive, living

encore still, yet, again; **pas —** not yet

endroit *m.* place, location; right side (as opposed to **l'envers** the wrong side)

enfant *m.* or *f.* child; **petits—** grandchildren; **arrière petits- —s** great-grandchildren; **mes enfants** (a familiar way of addressing a group, like you people, or you guys)

enfermer to lock up

enfin at last, finally

enfoncé(e) deep-set

enlacé(e)s with arms around each other

enlèvement *m.* removal, kidnapping

ennuyer to bore, to annoy; **ils s'ennuient** they are bored

ennuyeux (ennuyeuse) boring, annoying

enrichir to make rich(er)

ensemble together

ensemble *m.* outfit; **un — de printemps** a spring outfit; group **un — à cordes** a string ensemble

entendre to hear; to hear about something; **J'ai entendu parler de ce film** I've heard about that film; **s' — (avec quelqu'un)** to get along (with someone)

enterrer to bury

s'entraîner to practice, to train

entre between, among

entrée *f.* entrance; course that is served before the main course of a meal

entretien *m.* maintenance; **produit d'—** household cleaning product

envahir to invade

envers toward

envers *m.* wrong side, wrong way; **à l'envers** inside out; **Tu fais tout à l'envers** You do everything the wrong way

envie *f.* envy, desire; **avoir — de** to feel like (having or doing something)

environ about, approximately

envoyer to send

épargner to save

épicerie *f.* grocery, groceries

épices *f.pl.* spices

époque *f.* time, period, epoch

épouser to marry

épouvante *f.* terror, horror

époux *m.* (épouse) spouse

équilibre *m.* balance

équipage *m.* crew

équipe *f.* team

équipé(e) equipped

escargots *m.pl.* snails

esclavage *m.* slavery

espérance *f.* hope

espérer to hope

espion *m.* spy

espionner to spy

espoir *m.* hope

esprit *m.* mind; spirit; wit; **avoir l'— large** to be broadminded; **avoir de l'—** to be witty

essayer to try

essence *f.* gas(oline)

estragon *m.* tarragon

étage *m.* story (above the ground floor); **au premier —** on the second floor

étagère *f.* shelf

état *m.* state, condition; **en bon —** in good repair

été *m.* summer; **cet —** this summer
éteindre to put out (a light), to turn off (a
TV set)
étendre to expand, to spread
étoile *f.* star
étonnant(e) surprising
étourdi(e) forgetful, scatterbrained
étrange strange, weird
étranger (étrangère) foreign
étranger (étrangère) foreigner, stranger; **à
l' —** abroad
étrangler to strangle
être to be; **— à** to belong to; **C'est à moi**
It belongs to me; **— en train de** to be
in the process of doing something; **—
en beauté** to look one's best; **— en
forme** to be in shape; **— en retard** to be
late
être *m.* being; **des —s bizarres** weird crea-
tures
étudier to study
eu pp of avoir; **pas — le temps** didn't have
the time
eux them
s'évader to escape
événement *m.* event; **les —s courants** current events
évier *m.* sink
examen *m.* examination
excédent *m.* excess; **— de bagages** excess
baggage
exercice *m.* exercise; **faire de l' —** to exercise
exigeant(e) demanding
expliquer to explain

F

face *f.* face, side; **— à** facing; **faire — à** to
face (up to)
fâché(e) angry, annoyed
se fâcher to get angry; to be annoyed
facile easy; **— à vivre** easy to live with
façon *f.* manner, fashion
facture *f.* bill, invoice
faculté *f.* faculty; division of the French
university (in student talk **la fac**); Each
school of a university is a *faculté:* **la
Faculté des Lettres** School of Liberal
Arts; **la Faculté de Médecine** Medical
School; **la Faculté de Droit** Law School
faiblesse *f.* weakness
faim *f.* hunger; **avoir —** to be hungry
faire to do, to make; **— du cheval** to go
horseback riding; **— la cuisine** to cook;
— face à to face (up to); **fais voir** show
me; **— le tour** to make the rounds, to
go around; **— des économies** to save
money; **— partie de** to belong to, to be
a part of; **— vérifier** to have (something)

checked out; **— ses bagages** to pack; **—
son service militaire** to do one's military
service (compulsory in France for all
young men); **— plaisir** to make (someone) happy; **— la vaisselle** to do the
dishes; **— la cuisine** to cook; **— le ménage** to clean house; **— sa toilette** to
wash up; **il fait beau** the weather is fine;
— la guerre to fight a war; **— des haltères** to lift weights;
se faire to have something done or made
for you **Il se fait couper les cheveux** He
has his hair cut, he gets a haircut; **Elle
se fait faire une permanente** She gets a
permanent (wave)
faire-part *m.* announcement; **— de mariage** wedding announcement; **— de
décès** death notice
fait *m.* fact; **en —** as a matter of fact; **les
—s divers** miscellaneous events
familier (familière) familiar, everyday; **le
français —** everyday, informal French
famille *f.* family; **une — nombreuse** a
large family; **en —** in the midst of your
family, with your family
fantôme *m.* ghost
fasse subjunctive of **faire**
fauché(e) *fam.* broke
faucher to mow (grass, wheat); *fam.* to
steal
faut, il it is necessary, one must, it re-
quires; **il faut deux heures** it takes two
hours
fauteuil *m.* armchair
faux (fausse) false, erroneous, imitation
favori(te) favorite
femme *f.* woman, wife; **ma —** my wife
fenêtre *f.* window
fermer to close, to shut
feu *m.* fire; **—x de circulation** traffic lights
feuilleter to leaf through
feuilleton *m.* serial; **télé- —** TV serial
fiançailles *f.pl.* engagement to be married
fiancé(e) engaged
fiancé(e) person engaged to be married
ficher *fam.* **Je m'en fiche** I don't care, I
don't give a darn
fidèle faithful
fier (fière) proud
fierté *f.* pride
figure *f.* face
se figurer to imagine; **figure-toi** just imagine
fille *f.* daughter, girl; **petite- —** grand-
daughter; **petite —** little girl; **arrière pe-
tite- —** great-granddaughter
fils *m.* son; **petit- —** grandson; **arrière petit —** great-grandson
fin *f.* end
fini(e) finished, over
finir to end, to finish; **— par** to end up

(doing something), to finally do something; **Il finira par s'excuser** He'll end up apologizing

flegmatique calm, composed

flic *m.*, *fam.* policeman, cop

flotte *f.*, *sl.* water, rain

flotter to float; **Il flotte** *sl.* It is raining

foire *f.* fair; market; **La Foire aux Puces** The Flea Market

fois *f.* time; **cette — -ci** this time; **cette — -là** that time; **une —** once; **il était une — once** upon a time

folie *f.* madness

foncé(e) dark

force *f.* strength

forme *f.* shape; **être en —** to be in shape

formidable great, splendid, terrific; **quelqu'un de —** someone great

fort(e) strong

fort quite, very, much; **c'est trop —** that's too much

fou (**fol** before a vowel) (**folle**) insane, crazy, mad; **amoureux —** madly in love

foudroyer du regard to scorch with a glance, to give a scorching glance

foule *f.* crowd; **venir en —** to come in large numbers

four *m.* oven

fourmi *f.* ant

frais (**fraîche**) cool, fresh

frais *m.pl.* expenses, expenditures

fraise *f.* strawberry

framboise *f.* raspberry

franc, franche frank

français(e) French; **à la — e** French style

francophone French-speaking

frange *f.* fringe; bangs

fréquentation *f.* association; someone you associate with

frère *m.* brother

fric *m.*, *fam.* money

frire to fry

frisé(e) curly

froid(e) cold; **avoir —** to be cold **être en — to** be on the outs, to be on nonspeaking terms

fromage *m.* cheese

front *m.* forehead, brow

frousse *f.*, *fam.* fear; **avoir la —** to be scared

fruit *m.* fruit; **fruit défendu** forbidden fruit

fumée *f.* smoke

fumer to smoke; **défense de —** no smoking

G

gagner to earn, to win, to gain

gais *m.pl.*, *sl.* homosexuals

gant *m.* glove

garçon *m.* boy, young man; waiter

garder to keep, to guard

gare *f.* station; **— de chemin de fer** railroad station; **— routière** bus depot

gars *m.*, *fam.* guy, man, fellow

gâté(e) spoiled; **un enfant —** a spoiled brat

gâteau *m.* cake; **petit —** French pastry

gauche *f.* left; **à —** on the left, to the left

gêné(e) embarrassed

génie *m.* genius

genre *m.* style, type; **dans ton —** in your style; **ce — de blonde** that kind of a blonde

gens *m.pl.* people

gentil(le) nice, pleasant, sweet

germain(e): **cousin(e) —(e)** first cousin

gestion *f.* management; **— des affaires** business management

gigot *m.* leg of lamb

glace *f.* ice cream; mirror

goinfre *m.* glutton

gosse *m.* or *f.*, *fam.* kid, child; **sale —** brat

goût *m.* taste

goûter to taste

grand(e) big, tall, grown up; **tu es la plus —e** you are the older one; **les —s** big kids, grown-ups

grand-mère *f.* grandmother; **arrière —** great-grandmother

. **grandir** to grow, to grow up

grain *m.* grain; **— de sel** grain of salt, unasked for remark

gras(se) fat, fatty; **matière —se** cooking fat, shortening

gratte-ciel *m.* high rise, skyscraper

gratuit(e) free, free of charge

grave serious, severe, important

gravier gravel

grillé(e) broiled, toasted, grilled

griller to broil, to toast, to grill

gros(se) big, fat, large; **Je suis trop —** I am too fat

grossier (**grossière**) rude, crude

grossir to put on weight, to get fat

guérir to cure

guerre *f.* war; **faire la —** to wage war, to fight a war

gueule de bois *f.* *fam.* hangover

gueuleton *m.*, *sl.* good meal, feast

guise *f.* **à votre —** as you wish

H

*indicates an aspirate *h* before which there is no liaison and no elision.

habiller to dress; **s'—** to get dressed; to put on clothes; to wear clothes; to buy clothes; **Je ne m'habille pas chez Dior** I don't buy my clothes at Dior's

habiter to live, to reside

habitude *f.* habit, custom; **d'—** usually; **avoir l'— de** to be used to

s'habituer to get used to, to become accustomed to

***hache** *f.* axe; **à coups de —** with blows of an axe

haltères *f.pl.* weights; **faire des —** to lift weights

***hanté(e)** haunted

***hanter** to haunt, to hang around

***haricot** *m.* bean; **des —s verts** green beans

***hâte** *f.* haste; **être en —** to be in a hurry; **avoir — de** to be anxious to

***haut** *m.* top; **en haut** upstairs

***haut(e)** high

hebdomadaire weekly

hélas unfortunately

herbe *f.* grass, herb; *sl.* marijuana

héritier (héritière) heir

heureux (heureuse) happy

***homard** *m.* lobster

hommages *m.pl.:* **mes —** my respects

homme *m.* man; **un grand —** a great man; **les —s** people, humankind

***honte** *f.* shame, embarrassment; **avoir —** to be ashamed, to be embarrassed

***honteux (honteuse)** ashamed, embarrassed, shameful

***hors** out of, outside of; **— de proportion** out of proportion; **— d'haleine** out of breath, gasping for breath; **— d'œuvre** *m.pl.* first course of a French meal

huile *f.* oil

***huit** eight; **dans — jours** in a week

huître *f.* oyster

humeur *f.* mood; **être de mauvaise —** to be in a bad mood

I

idée *f.* idea

image *f.* picture, image

immeuble *m.* building, apartment building

immobile motionless

imperméable *m.* raincoat

importer to matter, to be important; **n'importe qui** no matter who, anybody; **n'importe quoi** no matter what, anything; **n'importe quand** anytime

impôts *m.pl.* taxes

impressionné(e) impressed

imprévu(e) unexpected, unforeseen

inattendu(e) unexpected, not planned for

inconnu(e) unknown, strange; **Le Bel inconnu** *The Handsome Stranger*

inconvenient *m.* drawback, fault

inculpé(e) suspect

inéluctable unavoidable, inescapable

inévitable inevitable

informatique *f.* data processing

inné(e) innate, inborn

inoffensif (inoffensive) harmless

inscrit(e) registered, written down

s'installer to move in, to get settled

instituteur (institutrice) elementary school teacher

insupportable unbearable

intention *f.* intent; **avoir l'— de** to intend to

intéresser to interest; **s'— à** to be interested in

intransigeant(e) uncompromising

inutile useless; unnecessary

investissement *m.* investment

invité(e) guest

inviter to invite

ivre drunk

J

jaloux (jalouse) jealous

jambon *m.* ham

jardinier (jardinière) gardener

jeter to throw, to cast, to throw away; **— l'argent par la fenêtre** to throw money away; **— un coup d'œil** to cast a glance, to glance

jeu *m.* game, play, gambling; **en —** involved; **— de mots** pun; **table de —** gaming table; **faites vos —x** place your bets; **—x télévisés** TV games

jeune young; **les —s** young people; **les —s gens** young men, or young people of both sexes

jeunesse *f.* youth; young people

joli(e) pretty, attractive

jouer to play, to gamble, to act

joueur (joueuse) player, gambler

jour *m.* day; (usually employed after a number: *deux jours, trois jours)* **tous les —s** every day; **chaque —** each day; **en plein —** in broad daylight

journal *m.* newspaper; journal; diary

journalier (journalière) daily

journée *f.* day, activities of a day; **— continue** uninterrupted workday

juif (juive) Jewish

jumeau twin brother; **jumelle)** twin sister

jumelles *f.pl.* binoculars

jus *m.* juice; gravy

juste just, precisely; **— ce qu'il vous faut** exactly what you need

jusqu'à until; **— ce que** until (such time as); **— présent** until now

K

Kir *m.* white wine with black currant liqueur; — **Royal** champagne with black currant liqueur

L

là there; here; **viens** —! come here! — **où vous travaillez** the place where you work; **celui-**— that one; **ce jour-**— that day; —-**bas** over there
laid(e) unattractive, ugly
laideur *f.* unattractiveness, ugliness
laisser to let, to leave; **laisse-moi te dire** let me tell you; **laisse-moi tranquille** leave me alone; — **pousser** to let grow; — **tomber** to drop
lait *m.* milk
laitier (laitière) dairy; **produit** — dairy product
laitue *f.* lettuce
lampe *f.* lamp; — **de chevet** bedside lamp; — **électrique** flashlight; **s'en mettre plein la** —*sl.* to eat a lot
laquelle (lequel) which; **à** — to which
lavabo *m.* washstand, bathroom sink
laver to wash; — **le linge** to do the laundry
laverie automatique *f.* laundromat
lave-vaisselle *m.* dishwasher
lecture *f.* reading, reading matter
léger (légère) light, lightweight
légèrement lightly
légume *m.* vegetable; —**s secs** legumes, dried beans, lentils or peas
lendemain *m.* the next day
lentement slowly
lentilles *f.pl.* lentils
lequel (laquelle, lesquels, lesquelles) which; **à** — to which
lever to raise, to lift; **levez le doigt** raise your hand;
liaison *m.* love affair, linking of two words
lever, se to get up
liberté *f.* freedom
libre free
lieu *m.* place, spot, location; **avoir** — to take place; **au** — **de** instead of
ligne *f.* line; — **aérienne** airline; **pilote de** — airline pilot
liquide liquid; **argent** — cash
lire to read
lit *m.* bed
locataire *m.* or *f.* tenant
logement *m.* housing, place to live
loi *f.* law
loin far, far away; **au** — in the distance; **de** — **en** — every now and then
lointain(e) far, far away

lumière *f.* light;— **électrique** electric sign
lune *f.* moon; — **de miel** honeymoon
lunettes *f.pl.* glasses; — **de soleil** sunglasses

M

machine *f.* machine, device; — **à écrire** typewriter; — **à laver** washing machine — **à laver la vaisselle** dishwasher
magnum *m.* a large bottle containing 1.6 liter (nearly a half gallon)
maigrir to lose weight
main *f.* hand
maintenant now, nowadays
maire *m.* mayor
maison *f.* house; — **close** house of prostitution; — **d'étudiants** dorm
mal *m.* pain; evil; **avoir** — **à** to have a pain in; **le bien et le** — good and evil
mal badly; **tout va** — everything is going badly; **pas** — not bad, nice
malade sick, ill
maladie *f.* illness
malgré in spite of
malheureusement unfortunately
malheureux (malheureuse) unhappy, miserable
malle *f.* trunk
manchette *f.* headline
manger to eat; to have, **nous mangeons des œufs** We have eggs
manifestation *f.* demonstration, political action
manquer to lack, to miss; to fail; **tu me manques** I miss you; — **son train** to miss one's train; — **d'observer une loi** to fail to observe a law
manteau *m.* coat
se maquiller to put on makeup
marchander to bargain
marché *m.* deal, bargain; market; **bon** — inexpensive; — **aux puces** flea market
marcher to walk; to run (of a machine)
mari *m.* husband
marié *m.* bridegroom
mariée *f.* bride
se marier to get married
marrant(e) *fam.* funny
marre j'en ai — *fam.* I've had enough, I've had it
se marrer *fam.* to have fun, to laugh
marron brown
masque *m.* mask
matelas *m.* mattress
matière *f.* subject, subject matter; — **grasse** cooking fat, shortening
mauvais(e) bad; — **esprit** bad turn of mind; —**e humeur** bad mood; — **caractère** bad temper, bad disposition
mec *m.,* *fam.* guy

méchant(e) mean, nasty

mèche *f.* strand of hair; des —s plus claires frosted hair

médecin *m.* medical doctor, physician

se méfier to be suspicious, to beware

meilleur(e) better; le — (la —e, les —(e)s) the best

même same; even; self; vous-— yourself; soi-— oneself

ménage *m.* couple, household, faire le — to clean house

mener to lead, to drive; Il n'en menait pas large *fam.* He was scared to death

mensuel(le) monthly

menteur (menteuse) liar

mère *f.* mother

mériter to deserve

merveille *f.* marvel, wonder; tout va à — everything is going great

merveilleux (merveilleuse) wonderful

mesdames *f.pl.* pl. of madame

mesdemoiselles *f.pl.* pl. of mademoiselle

messieurs *m.pl.* of monsieur

métier *m.* job, occupation, profession

mettre to place, to put; — le couvert to set the table; se — en colère to become angry; se — à faire to start doing (something); se — à courir to start to run

meuble *m.* piece of furniture

meublé(e) furnished

meubler to furnish

meunière *f.* (cooking term) with butter and lemon

meurs, je (from mourir) I am dying Je meurs d'envie de savoir I am dying to know

meurtre *m.* murder

midi *m.* noon

mieux better; j'aimerais — I'd rather; je ferai de mon — I'll do my best

mignon(ne) cute, sweet

mijoter to simmer

milieu *m.* centre; au — in the center, in the middle

mille-feuille *m.* napoleon (pastry)

millénaire thousand year old

millier *m.* about a thousand; des —s thousands

minable shabby, seedy; *fam.* bad form

mince slender, thin

mine *f.* appearance, complexion; avoir bonne — to look healthy, to look well; avoir mauvaise — to look tired, to look ill

minuit *m.* midnight

mioches *f.pl., sl.* little kids

mis (pp of mettre) put, placed, set

mi-voix a low voice; à — sotto voce, in a whisper

moche *fam.* unattractive, not nice, not pretty, not right

mode *f.* fashion; mode; mood

moins less, minus; au — at least; de — en — less and less

moitié *f.* half

monde *m.* world; people; tout le — everybody; beaucoup de — lots of people

monnaie *f.* change, small change

montre *f.* wristwatch

montrer to show

se moquer(de) to make fun (of)

moquette *f.* wall-to-wall carpeting

mordre to bite

mort *f.* death

mort(e) dead; plus — que vif more dead than alive

mot *m.* word

moto *f., fam.* motorbike, motorcycle

motocyclette *f.* motorcycle

mousseline *f.* chiffon; sauce — a light, creamy lemon sauce

mourir to die; je meurs I am dying; je meurs d'envie de savoir I'm dying to know

mouton *m.* sheep, lamb (meat); gigot de — leg of lamb

moyen *m.* means, way; le meilleur — the best way; — de transport means of transportation; avoir les —s to be able to afford; vivre selon ses —s live within one's means

moyenne *f.* average

Moyen-Orient *m.* Near East, Mid East

mûr(e) mature, ripe

muscade *f.* nutmeg

N

naissance *f.* birth; acte de — birth certificate

nana *f., sl.* girl

nanti(e) gifted, endowed, fortunate

nappe *f.* tablecloth

natal(e) native

nature *f.* nature; as is, unaltered; café — black coffee

navire *m.* ship; —s spatiaux spaceships

ne ... que only

nécessaire de toilette *m.* toilet kit

n'est-ce pas? isn't it so?

nettoyage *m.* cleaning; — à sec dry cleaning

neuf (neuve) new, brand new; Quoi de —? What's new?

neveu *m.* nephew

nez *m.* nose; se piquer le — *sl.* to drink too much

nièce *f.* niece

noce *f.* wedding; voyage de —s honeymoon trip

noceur *m.* party type, good-time Charlie

nombre *m.* number, amount
nombreux (**nombreuse**) numerous; **famille nombreuse** large family
note *f.* bill; note; grade
nourriture *f.* food
nouvelles *f.pl.* news
nu(e) bare, nude
nuage *m.* cloud
numéro *m.* number; issue (of newspaper
or magazine); **composer un —** to dial a
number

O

obéir to obey
obéissance *f.* obedience
obligatoire compulsory
occasion *f.* chance, opportunity; **d'—**
used, second-hand; **à l'—** occasionally
œil *m. (pl.,* **yeux)** eye; **un coup d'—** a
glance
œuf *m.* egg; **des —s au plat** fried eggs; **des
—s durs** hard-boiled eggs; **des —s
brouillés** scrambled eggs; **des —s à la
coque** soft-boiled eggs
oignon *m.* onion
oncle *m.* uncle (fam. term: *tonton)*
ordonné(e) tidy, orderly, neat
ordre *m.* order; nature; **d'— religieux** of
a religious nature
oser to dare
oublier to forget
oui yes; **pour un — ou pour un non** over
nothing at all
ours *m.* bear
ouvert(e) open, opened
OVNI *m.* UFO

P

pain *m.* bread
paix *f.* peace; **fiche-moi la —** *pl.* leave me
alone
pâlir to turn pale
pamplemousse *m.* grapefruit
paquet *m.* parcel, package
par by, through; **— bonheur** fortunately;
— contre on the contrary
paraître to seem, to look, to appear; to be
published
pareil(le) similar, like that
parent *m.* parent; relative, family mem-
bers **mes —s** my father and mother;
beaux-— in-laws
parenté *f.* family relationship
parfum *m.* perfume; aroma, flavor
pari *m.* bet
parier to bet
parler to speak, to talk

parsemer to sprinkle
part *f.* share; **quelque —** somewhere
partager to share
parti(e) gone
partie *f.* part; party; **faire — de** to be a
part of
partir to leave, to depart, to set out; **je
pars** I am leaving
pas not; **— mal** not bad, nice
pas *m.* step
passer to pass, to spend (time); to happen;
ce qui se passe what is happening; **il ne
se passe rien** nothing is happening; **—
l'aspirateur** to vacuum
pastèque *f.* watermelon
pâtes *f.pl.* pasta
pâtisserie *f.* bakery; pastry shop, a piece
of pastry
patron(ne) boss
patrouille *f.* patrol
patte *f.* paw, leg of an animal; sideburns:
une moustache et des —s a mustache
and sideburns
payer to pay; **— comptant** to pay cash
pays *m.* country, land, homeland
péage *m.* toll; **autoroute à —** toll road;
télévision à — pay TV
peigne *m.* comb
peigner to comb
peine *f.* sorrow; pain; trouble; penalty; **ne
prenez pas la —** don't go to the trouble,
don't bother; **la — de mort** the death
penalty
penché(e) bent over, leaning over
pendant during; for; **— des années** for
years
perdre to lose; to waste; **— son temps** to
waste one's time; **— de vue** to lose track
performance *f.* achievement
permettre to allow
permis(e) allowed
permis de conduire *m.* driver's license
permission *f.* military leave
persil *m.* parsley
personne *f.* person; **— ... ne** nobody; **—
ne l'aime** nobody likes him (her)
peser to weigh; **se —** to weigh oneself
pétard *m.* firecracker; *sl.* gun
petits-enfants *m.,pl.* grandchildren
pétoche *f.,sl.* fear
peu little; **un —** a little; **quelque —** somewhat; **— à —** little by little; **avant —**
before long; **— après** shortly
(there)after
peur *f.* fear; **avoir —** to be afraid; **tu me
fais —** you scare me
peut-être maybe, perhaps
piaule *f., sl.* room, apartment, pad
picoler to drink too much
pièce *f.* room (in the house); coin
pied *m.* foot; **aller à—** to go on foot, to

walk; **se remettre sur —** to get back on one's feet

pillule *f.* pill

pinard *m.,fam.* wine

pincé(e) pinched; *fam.* in love, smitten

pipelette *f.,fam.* concierge, superintendent of an apartment building

piquer to prick; **se — le nez** *sl.* to drink too much

piqûre *f.* shot, injection, insect bite

pire worse **le — (la —, les —s)** the worst

pittoresque picturesque

placard *m.* closet

place *f.* place, spot: **sur —** on the spot; **assez de —** room enough

placement *m.* investment

plage *f.* beach

plaindre to pity; **se —** to complain

plaisanter to joke

plaisanterie *f.* joke

plat *m.* dish; **— de résistance** main dish

plat(e) flat

plateau *m.* tray

plein(e) full

pleurer to cry, to weep

pleurnicher to whimper, to whine

pleuvoir to rain; **il pleuvait** it was raining

plier to fold, to bend

plumard *m.,fam.* bed; **au —!** go to bed!

plus more; **de — en —** more and more; **ne(...), — no** longer; **— ou moins** more or less

plutôt rather, sooner

PMU (Pari Mutuel Urbain) *m.* off-track betting

poids *m.* weight

point *m.* point, dot, period; **à —** cooked just right, medium rare

poire *f.* pear

poireau *m.* leek

pois, petits — green peas

poisson *m.* fish

poli(e) polite

Police Secours *f.* Police Assistance, the Paramedics

poltron(ne) coward

pomme *f.* apple; **— de terre** potato

pompier *m.* fireman

porte-fenêtre *f.* French door

«Porte des Lilas» *(title of a film)* The Porte des Lilas, in a neighborhood near the periphery of Paris

porter to wear; to carry, to bear; **tu me portes sur les nerfs** you get on my nerves

poser to ask (a question); to set down

poste *f.* post office; **— de police** police station

pot *m.* pot; *sl.* luck; **manquer de —** *sl.* to be unlucky

potage *m.* soup

poulet *m.* chicken

pour for; **le — et le contre** arguments for and against, the pros and cons

pourboire *m.* tip, gratuity

pourquoi why

praliné(e) crushed nut flavor (in ice cream or pastry)

premier (première) first; **en première page** on the front page

prendre to take; **prenant son courage à deux mains** gathering up his (her) nerve

près near; **à peu —** nearly, approximately

présenter to present, to introduce; **se —** to introduce oneself; to run for office

presque almost

pressé(e) in a hurry

prêt *m.* loan

prêt(e) ready

prêter to loan, to lend

prêtre *m.* priest

prévenant(e) attentive

prévu(e) foreseen, expected

primaire primary; **école —** elementary school

prime *f.* bonus

primeur *m.* early vegetable; **marchand de —s** greengrocer

Prince Charmant *m.* Prince Charming

principe *m.* principle

pris(e) taken

prix *m.* price; prize; cost; **à tout —** at any cost

procès *m.* trial; **— verbal (PV)** traffic ticket, citation

prochain(e) next

procurer to obtain; **où peut-on se —...?** where can I get...?

produit *m.* product; **— de beauté** cosmetic; **— d'entretien** household cleaning product; **— laitier** dairy product

profiter to take advantage, to enjoy

profondeur *f.* depth

projet *m.* plan; **faire des —s** to plan; **—de loi** bill

promenade *f.* walk, ride, drive; **faire une —** to go for a walk, a ride, a drive

se promener to go walking, riding, driving

promettre to promise

propos *m.* remark; **à —** by the way; **à — de votre annonce** regarding your ad

propriétaire *m.* or *f.* landlord, landlady

protéger to protect

provisions *f.pl.* food supplies; **faire les —** to shop for food

prudemment carefully

publicité *f.* publicity; *(fam.,* **pub)** advertising, commercials

puis then

puissant(e) powerful

punition *f.* punishment

P.V. (procès verbal) *m.* traffic ticket, citation

Q

quartier *m.* neighborhood; **salle de —** neighborhood cinema

que which, that; **Qu'est-ce que c'est? What is it? Qu'est-ce qu'il y a?** What is the matter?

quel (quelle, quels, quelles) what, which; **quelle qu'elle soit** whatever it may be

quelque some; **— chose** something; **quelqu'un** somebody, someone; **— part** somewhere; **— temps** some time; **— peu** somewhat; **— belle qu'elle soit** however beautiful she may be

quelquefois sometimes

quelques a few, some

question *f.* question

qui who, which

quitter to leave, to abandon

quotidien(ne) daily

R

raccourcir to shorten **ne raccourcissez pas** do not shorten

raconter to tell, to retell, to tell a story

rafraîchir to refresh, to freshen up **rafraîchissez** freshen up

raie *f.* part (in the hair); stripe

raisins *m.pl.* grapes; **— secs** raisins

raison *f.* reason; **avoir —** to be right

râler *fam.* to complain

ranger to put away, to arrange, to put in order

rappeler to recall; **se —** to remember; to call back (on the phone)

rapport *m.* relationship; **—s** relations; **être en bons —s** to be on good terms

rapporter to bring back; to return; to earn income

rare rare, infrequent

rarement seldom

ras *m.* level; **j'en ai — le bol** *sl.* I've had it, I'm fed up

raser to shave; **se —** to shave (oneself)

rasoir *m.* razor

ravi(e) delighted

ravissant(e) lovely

rayé(e) striped

rayon *m.* department (in a store); ray; **un — de soleil** a ray of sunshine

recapturé(e) recaptured

recette *f.* recipe

recevoir to receive, to have company, to entertain

réchaud *m.* hotplate

recherche *f.* search

recherché(e) sought; elaborate; **— par la police** wanted (by the police); **un costume —** an elaborate outfit

rechercher to look for, to search for

récompense *f.* reward

récompenser to reward

rédacteur (rédactrice) editor

réfléchir to think over, to reflect

refroidir to cool down, to cool off

regard *m.* glance, look, expression in the eyes; **un — étrange** a strange look in the eyes

regarder to look at, to watch

régime *m.* diet; **se mettre au —** to go on a diet; **laisser tomber son —** to go off one's diet

règlement *m.* regulation

régler to pay, to settle an account

régner to reign

rejeter to reject

rembourser to pay back

remercier to thank

remettre to put back; **— sur pied** to get back on (one's) feet

remonter to go back up, to come back up, to bring back up; **— le moral** to cheer up

rencontrer to meet

rendez-vous *m.* appointment, date

rendre to give back, to return, to make (cause to be); **— heureux** to make happy **— service** to help

rendu(e) (pp of **rendre**) returned, given back, made

renseignement *m.* information

renseigner to inform

rentrer to return home

renversée, crème upside down caramel custard

répandu(e) common, widespread

réparation *m.* repair

repas *m.* meal

répondre to answer

reposant(e) restful

se reposer to rest, to relax

reprendre to take up, to pick up again, to resume

représentation *f.* performance

requis(e) required, compulsory

ressembler à to look like

ressentir to feel

reste *m.* rest, remainder; **les —s** leftovers

rester to stay, to remain, to be left over

résultat *m.* résult

retard *m.* lateness, delay; **être en —** to be late

retenir to hold back

retour *m.* return; **de —** back

retourner to return; **se — vers** to turn toward

retrouver to find again; to see again; **se —** to meet again, to be together again

réussir to succeed

rêve *m.* dream

réveil *m.* awakening; alarm clock

se réveiller to wake up

revenir to return, to come back

revenu *m.* income; **l'impôt sur le —** income tax

rêver to dream

revoir to see again; **se —** to meet again

rideau *m.* curtain

rien nothing; **— que** nothing but, only; **— à faire** nothing to do; nothing can be done; **— ne va** nothing is going well; **pour un —** over nothing

rigoler *fam.* to laugh, to have fun

rigolo(te) *fam.* funny; **ce n'est pas —** it's no fun

rinçage *m.* rinse

rire to laugh

risque *m.* risk; **courir des —s** to take chances

rissolé(e) browned; **des pommes de terre —es** sautéed potatoes

riz *m.* rice

robinet *m.* faucet

roi *m.* king

romanesque romantic

romarin *m.* rosemary

rompre to break, to break up

rôtir to roast

roue *f.* wheel

rougi(e) reddened; **de l'eau —e** water "reddened" with wine

rougir to turn red

roulée built; **une fille bien —** a girl with a nice figure

rouspéter *fam.* to protest

roux (rousse) redhead

rubrique *f.* heading, newspaper column; **— mondaine** society page

rue *f.* street

rupture *f.* break, break-up

S

sablé *m.* butter cookie (resembling shortbread)

sabler to spread with sand and gravel

sac *m.* bag, sack; **— à main** purse, handbag; **— de couchage** sleeping bag; **— à dos** backpack

salle *f.* room; **— de bain(s)** bathroom; **— à manger** dining room; **— de séjour** living room; **— de quartier** neighborhood cinema

sans without; **— doute** no doubt, probably

santé *f.* health

saucisse *f.* sausage

saucisson *m.* salami

sauf save, except

saumon *m.* salmon

saute d'humeur *f.* mood change

sauter to jump; to sauté

sauvage wild

sécateur *m.* pruning shears

sèche *f., sl.* cigarette

séduisant(e) seductive, attractive

seizième (**arrondissement**) *m.* one of the 20 administrative divisions of Paris

sel *m.* salt

selon according to

semaine *f.* week; **la — dernière** last week

semblable similar

sembler to seem; **il me semble** it seems to me

semestre *m.* semester

sensé(e) sensible

séparer to separate, to part **vous ne vous séparez plus** you no longer part

service *m.* favor, service, assistance; **rendre —** to do a favor, to help

serviette *f.* napkin; towel; briefcase

servir to serve

seul(e) alone; **très —** quite lonely

seulement only

sévère stern, severe

si if; whether; yes (after a negative question)

siècle *m.* century

siège *m.* seat; **— avant** front seat; **— arrière** back seat

signal *m.* sign; signal; **— lumineux** electric sign

signalement *m.* physical description (on passport, driver's license)

sinon otherwise

sirocco *m.* a hot wind that blows across the Sahara desert into Algeria and Southern Europe; «**Un coup de sirocco**» *(film title) As the Sirocco Blows, A Gust of Sirocco*

situé(e) located

sœur *f.* sister; **belle-—** sister-in-law

soin *m.* care; **avec —** carefully

soirée *f.* evening party

sois be; **— plus patiente!** Be more patient

soit ... soit either ... or

sole *f.* sole (fish)

sommeil *m.* sleep; **avoir —** to be sleepy

sommelier *m.* wine waiter

sonner to ring

sortie *f.* exit; outing; **ça fait une —** it's a chance to go out

sortir to go out

souci *m.* care, worry, concern

souffle *m.* breath; «**À bout de souffle**» *(film title) Out of Breath, Played out*

souhaiter to wish

soûl(e) drunk

soupçonner to suspect

soupçonneux (**soupçonneuse**) suspicious

sou *m.* an old French coin; **les —s** *fam.* money

sourd(e) deaf

sourire *m.* smile
sourire to smile
souris *m.* mouse
sous-titre *m.* subtitle
souvenir *m.* remembrance, memory; souvenir; **en —** as a remembrance
souvent often
se spécialiser to major, to specialize
spectacle *m.* show, spectacle
spirituel(le) witty
stationnement *m.* parking; **parc de —** parking lot
studio *m.* one-room or bachelor apartment
subitement suddenly
sucre *m.* sugar
sucrer to sweeten
suivant according to
suivant(e) following
suivre to follow; **— un cours** to take a course; **— un régime** to be on a diet
sujet *m.* subject
supprimer to suppress
sûr(e) sure, certain; **bien —** of course
surgelé(e) frozen
surtout especially
sympathie *f.* good feeling; **avoir de la — pour quelqu'un** to have good feelings toward someone
sympathique (*fam.*, **sympa**) nice, attractive, nice to know

T

table *f.* table; **— à thé** coffee table; **— de nuit** nightstand, night table
tableau *m.* picture, painting; blackboard
tache *f.* spot, stain; **—s de rousseur** freckles
tâche *f.* chore
tâcher to try
taille *f.* size; waist; **de — moyenne** of average size
se taire to be silent; **tais-toi** shut up, be quiet
tandis que while, whereas
tant so much, so many; **— mieux** so much the better; **— qu'à faire** while you are at it
tante *f.* aunt
tapis *m.* carpet
tard late; **plus —** later
tartelette *f.* small tart
tas *m.* heap, pile; **des — de** lots of
tatoué(e) tatooed
taux *m.* rate
teint *m.* complexion; **le — mat** an olive complexion
teinture *f.* tint, dye
télé-feuilleton *m.* TV serial
témoin *m.* witness

temps time; weather; **à —** in time; **tout le —** all the time **de — en —** from time to time; **dans le —** way back in time; **parler du —** to talk about the weather
tenir to hold, to keep; **— à** to be fond of; **se — au courant** to keep oneself informed, to keep up-to-date
tentative *f.* attempt
terrible *fam.* terrific
tête *f.* head; **— à —** face to face (meeting, conversation, etc.); **mal à la —** headache
thon *m.* tuna
thym *m.* thyme
tien(ne) (*le*) (*la* **tienne**) yours
tiens! well!
timbre *m.* stamp
timide shy
tiré(e) drawn from
tirer to draw; to shoot; **— parti** to take advantage; **se — ** *sl.* to leave
tireuse de cartes *f.* fortuneteller, card and tarot reader
tiroir *m.* drawer
tôle *f.*, *sl.* prison, jail
tombe *f.* tomb
tomber to fall; **— amoureux** to fall in love; **— dans les pommes** *sl.* to faint, to fall in a dead faint
tonton *m.*, *fam.* uncle
tort *m.* wrong; **avoir —** to be wrong
toucher to touch; to collect; to cash (a check)
toujours always
tour *m.* turn, trick; **jouer un —** to play a trick, a practical joke
tour *f.* tower
tourner to turn; **Il y a quelque chose qui ne tourne pas rond** There is something wrong
tous (**tout, toute, toutes**) all; **— les deux** both
tout everything; **— ce que vous dites** all (that) you say; **— le monde** everybody; **— le temps** all the time
tout(e) quite; **—(e) petit(e)** quite small; **— à fait** completely; **pas du —** not at all; **— de suite** right away; **— près** quite close
traduire to translate
train *m.* train; **être en — de** to be in the process of
trait *m.* feature; line
traite *f.* payment; **— mensuelle** monthly payment
tranquille quiet, peaceful; **reste —** be quiet; **sois —** don't worry; **laisse-moi —** leave me alone
travail *m.* work
travailler to work
traversée *f.* crossing
trésor *m.* treasure

tricolore *m.* tricolor, the colors of the French flag (blue, white, and red)
trime *f., fam.* hard work
trimer *fam.* to work very hard
trimestre *m.* quarter, term
triste sad
tromper to cheat, to deceive, to be un-faithful
se tromper to be mistaken
trop too much, too many
troubles *m.pl.* dysfunction, disturbances; — **de la personnalité** personality prob-lems
trouver to find, to think; **se** — to be lo-cated; **si ça se trouve** as the case may be
tuer to kill; **se faire** — to get killed; — **à coup de hache** to kill with an axe
tumulte *m.* confused noise
turbot *m.* turbot (a fish)
type *m., fam.* guy

U

un a, one; **l'— dans l'autre** on the average
union libre *f.* state of a man and woman living together without being married
unique unique; only; **fils (fille)** — only son (daughter)
usage *m.* use, usage
usager (usagère) user, customer; rider; **les —s du métro** subway riders
usurier (usurière) usurer, moneylender
utile useful

V

vacances *f.pl.* vacation
vache *f.* cow; *sl.* mean, tough; **Le prof est vache** The teacher is tough
vachement *sl.* very, quite; **c'est vachement bon** it's very good
vaisselle *f.* dishes; **faire la** — to do the dishes; **lave-—** dishwasher
valable valid; valuable
vaut (from **valoir**) worth; **ça** — it is worth; **ça en — la peine** it is worth the trouble
valeur *f.* value; **objets de** — valuables
vaniteux (vaniteuse) vain
se vanter to brag, to boast
Varennes Small town in Northeastern France where Louis XVI was arrested when he tried to flee during the French Revolution (1791)
veine *f., fam.* luck
vendre to sell

vengeance *f.* revenge
venir to come; — **de** to have just; **il vient de partir** he just left
vente *f.* sale
ventre *m.* stomach, belly
vérifier to check out, to verify
vérité *f.* truth; **en** — to tell the truth
vers toward
version originale (V.O.) *f.* original sound track
vêtements *m.pl.* clothes
veuf (veuve) widower (widow)
veuvage *m.* widowhood, death of a spouse
viande *f.* meat
vie *f.* life; **en** — alive; **toute la** — all life long
vieux (vieil before a vowel) (vieille) old; *fam.* **Mon —ma vieille,** kid
vif (vive) bright, sharp, lively
vilain(e) ugly, unattractive, bad; **—e petite fille** bad little girl
vin *m.* wine
vinaigrette *f.* oil-and-vinegar dressing
viol *m.* rape
virée *f., fam.* short trip, outing
visage *f.* face
vison *m.* mink
vite quickly
vivant(e) living, alive
vive hurrah for, long live; — **la mariée!** hurrah for the bride!
vivre to live, to reside; **facile à** — easy to live with
voilà here is, here are; **nous** — here we are
voir *f.* to see
voisin(e) neighbor
voiture *f.* car
vol *m.* theft; flight
volaille *f.* poultry
volant *m.* steering wheel
voler to steal; to fly
voleur *m.* thief
volonté *f.* will, willpower; **bonne—** good-will; **à** — at will
vouloir to want; **je veux bien** I am willing; **si tu veux** if you like; — **dire** to mean
voyage *m.* trip; **faire un** — to take a trip; — **de noces** honeymoon trip; — **d'af-faires** business trip; — **d'agrément** plea-sure trip
voyons! Come on! Let's see! **Bon —!** Have a good trip!
voyou *m.* bad guy, hoodlum
vrai(e) true, real
vraiment really
vu(e) seen
vue *f.* view; **en** — **de** with an eye to(ward); **perdre de** — to lose track of **des —s** views (on a given subject)

Y

y there; il — a there is, there are; — mettez vous des conditions? Do you accept
it under certain conditions?
yeux (*pl.* of œil) *m.* eyes

Z

zut! *fam.* heck, darn!